Franz Schubert

COMPLETE SONG CYCLES

Die schöne Müllerin, Die Winterreise,
Schwanengesang

Edited by Eusebius Mandyczewski

FROM THE BREITKOPF & HÄRTEL COMPLETE WORKS EDITION

WITH TRANSLATIONS BY HENRY S. DRINKER

Dover Publications, Inc., New York

Published in Canada by General Publishing Company, Ltd.,
30 Lesmill Road, Don Mills, Toronto, Ontario.
Published in the United Kingdom by Constable and Company, Ltd.,
10 Orange Street, London WC 2.

This Dover edition, first published in 1970, is an unabridged republication of selected sections from Series 20 (*Lieder und Gesänge*) of *Franz Schubert's Werke. Kritisch durchgesehene Gesammtausgabe*, originally published by Breitkopf & Härtel, Leipzig, in 1895. The selections originally appeared on the following pages:

Die schöne Müllerin on pages 134–185 of the *Siebenter Band. 1822 bis zur "schönen Müllerin" 1823.*

Die Winterreise on pages 2–77 of the *Neunter Band: Von der "Winterreise" bis zum "Schwanengesang." 1827 u. 1828.*

Schwanengesang on pages 134–185 of the *Neunter Band.*

To the present edition has been added the translations of the song texts by Henry S. Drinker, reproduced, with slight corrections, from his work *Texts of the Solo Songs of Franz Schubert in English Translation,* [Volume 1], printed privately and distributed by The Association of American Colleges Arts Program, New York, n.d. [1951], pages 1–29. The publisher is grateful to the University of Michigan Libraries for making a copy of the Drinker work available for reproduction.

International Standard Book Number: 0-486-22649-2
Library of Congress Catalog Card Number: 74-116821

Manufactured in the United States of America
Dover Publications, Inc.
180 Varick Street
New York, N.Y. 10014

Contents

Schwanengesang.

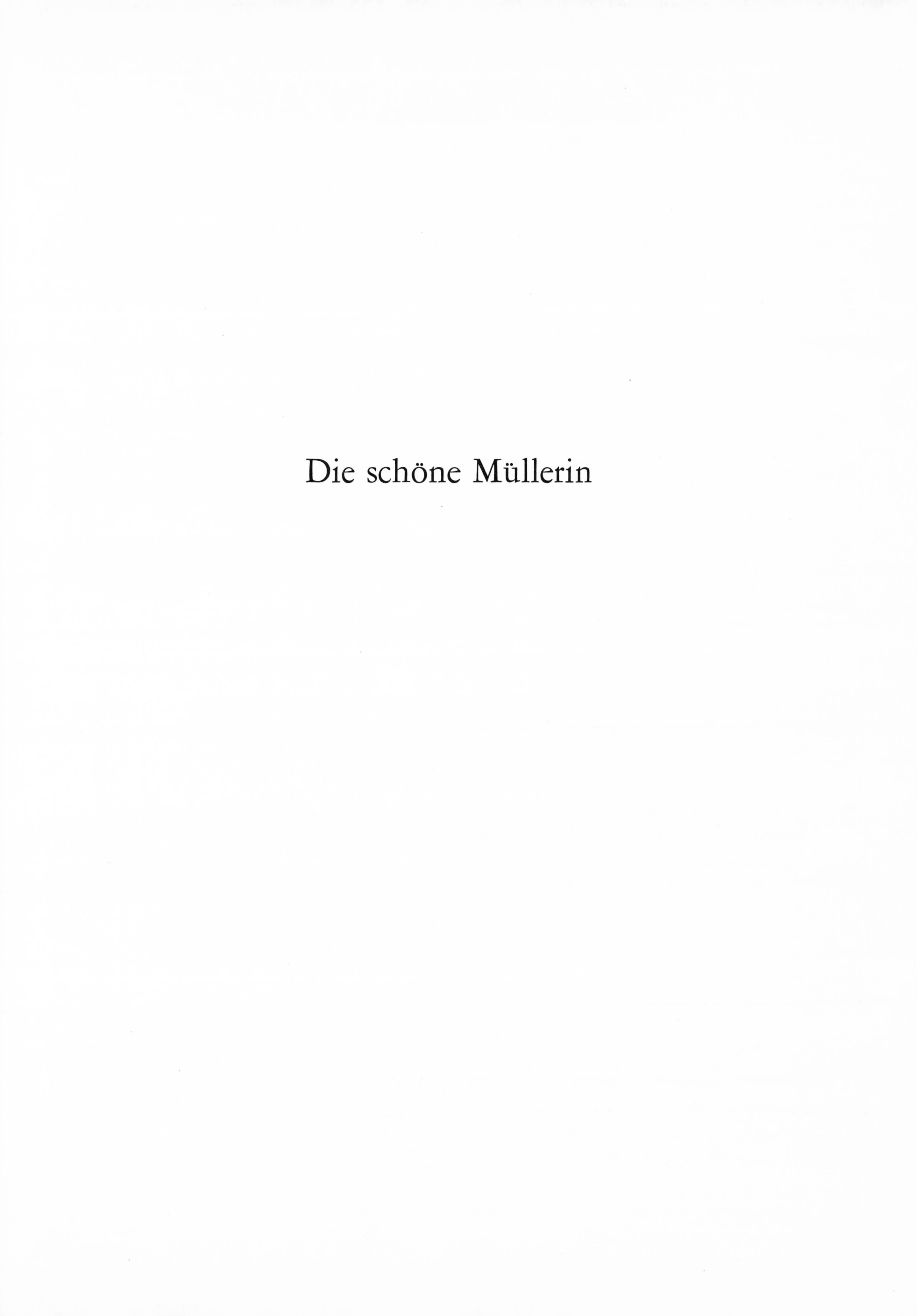

Die schöne Müllerin

Die schöne Müllerin.

Ein Cyclus von Liedern von Wilhelm Müller.

Für eine Singstimme mit Begleitung des Pianoforte

componirt von

Schubert's Werke. Serie 20. № 433-452.

FRANZ SCHUBERT.

Op. 25.

Carl Freiherrn von Schönstein gewidmet.

I.

Das Wandern.

muss ein schlech_ter Mül_ler_sein, dem nie_mals fiel das Wan_dern ein, das
hat nicht Rast bei Tag und Nacht, ist_ stets auf Wan_der_schaft be_dacht, das
p
pp
Wan_dern, das Wan_dern, das Wan_dern, das Wan_dern.
Was_ser, das Was_ser, das Was_ser, das Was_ser.
pp

Das sehn wir auch den Rädern ab,
Den Rädern,
Die gar nicht gerne stille stehn,
Die sich mein Tag nicht müde gehn,
Die Räder.

Die Steine selbst, so schwer sie sind,
Die Steine,
Sie tanzen mit den muntern Reihn,
Und wollen gar noch schneller sein,
Die Steine.

O Wandern, Wandern, meine Lust,
O Wandern!
Herr Meister und Frau Meisterin,
Lasst mich in Frieden weiter ziehn
Und wandern.

II.

Wohin?

Mässig.
Singstimme.
Pianoforte.
pp
Ich hört' ein Bäch_lein rau - schen wohl
aus dem Fel - sen - quell, hin - ab zum Tha - le rau - schen, so_
frisch und wun - der - hell. Ich weiss nicht, wie mir wur - de, nicht
wer den Rath mir gab, ich muss - te_ auch hin - un - ter mit
mei - nem Wan - der - stab, ich muss - te auch hin - un - ter mit

mei - nem Wan - der - stab. Hin - un - ter und im - mer wei - ter und
im - mer dem Ba - che nach, und im - mer hel - ler rausch - te und
im - mer hel - ler der Bach, und im - mer hel - ler rausch - te und
cresc.
im - mer hel - ler der Bach. Ist das denn mei - ne
pp
Stra - sse? O Bäch - lein sprich wo - hin? wo - hin? sprich wo -

hin? — du hast mit dei - nem Rau - - schen mir ganz be - rauscht den
Sinn, du hast mit dei - nem Rau - schen mir ganz be-rauscht den
Sinn. Was sag' ich denn vom Rau-schen? das kann kein Rau - schen
sein. Es sin - gen wohl die Ni - - xen tief un - ten ih - ren
pp
Reih'n, es - sin - gen wohl die Ni - - xen tief un - ten ih - ren

pp
Reih'n. Lass sin - gen, Ge - sell, lass rau - - schen, und wan - d're fröh - lich
pp
nach, es geh'n ja Müh - len - rä - - der in - je - dem kla - ren
p
Bach, — es geh'n ja Müh - len - rä - - der in - je - dem kla - ren
Bach. Lass sin - gen, Ge - sell, lass rau - - schen, und wan - d're fröh - lich
dimin.
nach, fröh - lich nach, fröh - lich nach. —

III.

Halt!

Nicht zu geschwind.
Singstimme.
Pianoforte.
f
p
fp
cresc.
Ei_ne Müh_le seh' ich
blin_ken aus den Er_len her_aus,
durch Rau_schen und
Sin_gen bricht Rä_der_ge_braus,
bricht Rä_der_ge_

braus. Ei, willkom - men, ei, willkom - men,
p
sü - sser Mühlen - ge - sang, ei, willkom - men, ei, willkom - men,
sü - sser Mühlen - ge - sang. Und das Haus wie so
pp
trau - lich, und die Fen - ster wie blank,
und die Son - ne, wie hel - le vom Him - mel sie
cresc.
f

scheint, die Son - ne, wie hel - le vom Him - mel sie
scheint. Ei, Bäch - lein, lie - bes Bäch - lein, war es al - so ge -
p
meint? ei, Bäch - lein, lie - bes Bäch - lein, war es al - so ge -
meint? war es al - so ge - meint? war es
pp
al - so ge - meint?
dimin.

IV.
Danksagung an den Bach.

Etwas langsam.
Singstimme.
Pianoforte.
War es
al - so gemeint, mein rauschender Freund, dein Sin - gen, dein Klin - gen,
war es al - so ge - meint, war es al - so ge - meint?
Zur Mül - le - rin hin, so lau - tet der Sinn;
gelt, hab' ich's ver - stan - den, hab' ich's ver - stan - den?
zur Mül - le - rin hin, zur Mül - le - rin hin!
p
pp
mf

Hat sie dich geschickt, o-der hast mich berückt? das möcht' ich noch wis - sen, ob
pp
sie dich geschickt, ob sie dich geschickt.
Nun wie's auch mag sein, ich
ge - be mich d'rein; was ich such', hab' ich fun - den, wie's im - mer mag sein.
Nach
Ar - beit ich frug, nun hab' ich ge - nug, für die Hän - de, für's Her - ze voll - auf ge -
mf
nug, voll - auf ge - nug.
p
pp dimin.

V.
Am Feierabend.

merk - te mei - nen treu - en Sinn, dass die schö - ne Mül - - le-rin
merk - te mei - nen treu - - en Sinn!
decresc.
Ach, wie ist mein Arm so schwach! was ich he - be, was ich tra - ge, was ich
schneide, was ich schla - ge, je - der Knap - pe thut mir's nach, je - der Knap - pe thut mir's
nach. Und da sitz' ich in der gro-ssen Run - de, in der

stil_len, küh_len Fei_er_stun_de,
und der Mei_ster sagt zu
al_len: eu_er Werk hat mir ge_fal_len, eu_er Werk hat mir ge_fal_len; und das
lie_be Mäd_chen sagt_ al_len ei_ne gu_te Nacht, al_len ei_ne gu_te
Etwas geschwinder.
Nacht. Hätt' ich tau_send Ar_me zu rüh_ren, könnt' ich
brau_send die Rä_der füh_ren, könnt' ich we_hen durch al_le Hai_ne, könnt' ich

dre - hen al - le Stei - ne, dass die schö - ne Mül - le - rin merk - te
mei - nen, mei - nen treu - - - en Sinn, dass die schö - ne Mül - le -
rin merk - te mei - nen, mei - nen treu - - - en Sinn,
dass die schö - ne Mül - le - rin merk-
- te mei-nen treu-en Sinn!
p
f
p
f

VI.
Der Neugierige.

Langsam.
Singstimme.
Pianoforte.
p
pp
Ich fra - ge kei - ne
Blu - me, ich fra - ge kei - nen Stern; sie kön - nen mir al - le nicht
sa - gen, was ich er - führ' so gern. Ich bin ja auch kein
Gärt - ner, die Ster - ne steh'n zu hoch; mein Bäch - lein will ich
fra - gen, ob mich mein Herz be - log.
O

Sehr langsam.
Bäch - lein mei-ner Lie - be, wie bist du heut' so
pp
stumm! Will ja nur Ei-nes wis - sen, ein Wört-chen um und
um, ein Wörtchen um und um.
Ja, heisst das ei-ne
Wörtchen, das an-dre heisset Nein, die bei-den Wört-chen schlie-ssen die
cresc.
gan-ze Welt mir ein, die bei-den Wört-chen schlie-ssen die
p
cresc.

gan_ze Welt mir ein.
O
Bäch - lein mei_ner Lie - be, was bist du wun_der-
lich! Will's ja nicht wei_ter sa - gen, sag'
Bäch_lein, liebt sie mich? sag' Bäch_lein, liebt sie
mich?
p
pp

VII.

Ungeduld.

Den Morgenwinden möcht' ich's hauchen ein,
Ich möcht' es säuseln durch den regen Hain;
O leuchtet' es aus jedem Blumenstern,
Trüg' es der Duft zu ihr von nah und fern!
Ihr Wogen, könnt ihr nichts als Räder treiben?
Dein ist mein Herz und soll es ewig bleiben.

Ich meint', es müsst' in meinen Augen stehn,
Auf meinen Wangen müsst' man's brennen sehn,
Zu lesen wär's auf meinem stummen Mund,
Ein jeder Athemzug gäb's laut ihr kund;
Und sie merkt nichts von all' dem bangen Treiben.
Dein ist mein Herz und soll es ewig bleiben.

VIII.

Morgengruss.

Mässig.
Singstimme.
Pianoforte.
Guten Morgen, schöne Müllerin! wo steckst du gleich das Köpfchen hin, als wär' dir was geschehen? Verdriesst dich denn mein Gruss so schwer? verstört dich denn mein Blick so sehr? So muss ich wieder gehen, so muss ich wieder gehen, wieder gehen.
O lass mich nur von ferne stehn, nach deinem lieben Fenster sehn, von ferne, ganz von ferne! Du blondes Köpfchen komm hervor, hervor aus eurem runden Thor ihr blauen Morgensterne, ihr blauen Morgensterne, ihr Morgensterne!
Ihr schlummertrunknen Äugelein, ihr thaubetrübten Blümelein, was scheuet ihr die Sonne? Hat es die Nacht so gut gemeint, dass ihr euch schliesst und bückt und weint nach ihrer stillen Wonne, nach ihrer stillen Wonne, nach ihrer Wonne?
Nun schüttelt ab der Träume Flor, und hebt euch frisch und frei empor in Gottes hellen Morgen! Die Lerche wirbelt in der Luft, und aus dem tiefen Herzen ruft die Liebe Leid und Sorgen, die Liebe Leid und Sorgen, Leid und Sorgen.
p
pp
pp

IX.

Des Müllers Blumen.

Und wenn sie thät die Äuglein zu
Und schläft in süsser, süsser Ruh,
Dann lispelt als ein Traumgesicht
Ihr zu: Vergiss, vergiss mein nicht!
Das ist es, was ich meine.

Und schliesst sie früh die Laden auf,
Dann schaut mit Liebesblick hinauf;
Der Thau in euren Äugelein,
Das sollen meine Thränen sein,
Die will ich auf euch weinen.

X.

Thränenregen.

Ziemlich langsam.
Singstimme.
Pianoforte.
pp
Wir sassen so traulich bei - sam - men im küh - len Er - len - dach, wir schauten so traulich zu - sam - men hin - ab in den rieselnden Bach.
Ich sah nach kei - nem Mon - de, nach kei - nem Ster - nen - schein, ich schaute nach ih - rem Bil - de, nach ih - rem Au - ge al - lein.
Und in - den Bach ver - sun - ken der gan - ze Himmel schien und woll - te mich mit - hin - un - ter in sei - ne Tie - fe ziehn.
Der Mond war auch ge - kom - men, die Stern - lein hin - ter -
Und sa - he sie ni - cken und bli - cken her - auf aus dem se - ii - gen
Und ü - ber den Wol - ken und Ster - nen da rie - sel - te mun - ter der

drein, und schau-ten so trau-lich zu-sam-men in den sil-ber-nen Spie-gel hin-
Bach, die Blüm-lein am U-fer, die blau-en, sie nick-ten und blickten ihr
Bach, und rief mit Sin-gen und Klin-gen: Ge-sel-le, Ge-sel-le! mir
ein.
nach.
nach.
Da gingen die Au-gen mir
ü-ber, da ward es im Spie-gel so kraus, sie sprach: es kommt ein Re-gen, a-
de, ich geh' nach Haus.
pp

XI.

Mein!

Mässig geschwind.
Singstimme.
Pianoforte.
mf
pp
cresc.
Bäch-lein, lass dein Rauschen sein, Rä - der, stellt eu'r
Brau-sen ein, all' ihr muntern Waldvögelein, gross und klein, en-det eu-re Me-lo-dei'n,
en-det eu-re Me-lo-dei'n! Durch den Hain aus und ein,

schal_le_heut' ein Reim al_lein, durch den Hain aus und ein, schal_le_heut' ein
Reim al_lein: Die ge_lieb_te_ Mül_le_rin ist mein, _ ist ___ mein,
die ge_lieb_te_ Mül_le_rin ist mein, _ ist __ mein, mein, ________
mein. Früh_ling, sind das al - le dei_ne Blü - melein? Son_ne! hast du
kei - nen hel_ler'n Schein? Ach! so muss ich ganz al_lein mit dem se _ li_gen

Wor - te mein un - - - ver - stan - den in der wei - ten Schöp - - fung
sein, un - - - ver - standen in der wei - ten Schöp - - fung
sein.
Bäch - lein, lass dein
Rau - schen sein, Rä - der, stellt eur Brau - sen ein, all' ihr mun - tern Wald - vö - gelein,
gross und klein, en - det eu - re Me - lo - deïn, en - det eu - re Me - lo - deïn!

p
Durch den Hain aus und ein, schal_le_heut' ein Reim al_lein,
durch den Hain aus und ein, schal_le_heut' ein Reim al_lein: Die ge_lieb_te_
Mül_le_rin ist mein,_ist mein, die ge_lieb_te_ Mül_le_rin ist mein, ist
mein, mein, ist mein.
p
ff
fp

XII.
Pause.

Ziemlich geschwind.
Singstimme.
Pianoforte.
p
Mei - ne Lau - te hab' ich ge - hängt an die Wand,
hab' sie umschlungen mit einem grü - nen Band; ich kann nicht mehr singen, mein Herz ist zu voll,
weiss nicht, wie ich's in Rei - me zwingen soll.
pp
Mei - ner Sehn - sucht
al - ler - hei - ssesten Schmerz durft' ich aus - hauchen in Lie - der - scherz,
und wie ich klagte

so süss und fein, glaubt' ich doch, mein Lei_den wär' nicht klein. Ei, wie
gross ist wohl meines Glückes Last, dass kein Klang auf Er_den es in_sich fasst, dass kein Klang auf
Er_den es in sich fasst?
ff
pp
pp
Nun, lie_be Lau_te, ruh' an dem Na_gel_hier! und weht ein
Lüft_chen ü_ber die Sai_ten_dir, und streift ei_ne Bie_ne mit ih_ren Flü_geln dich, da

wird mir so bange, und es durchschauert mich.
Warum liess ich das Band auch
pp
hängen so lang? Oft fliegt's um die Sai_ten mit seuf_zendem Klang.
Ist es der Nach_klang meiner Lie_bes_pein? Soll es das Vor_spiel neu_er Lie_der sein?
Ist es der Nach_klang_ mei_ner Lie_bes_pein? Soll es das
pp
Vor_spiel neu_er Lie_der sein?
3
3
3
3

XIII.
Mit dem grünen Lautenbande.

XIV.
Der Jäger.

Geschwind.
Singstimme.
Pianoforte.
staccato
mf
p
Was sucht denn der Jä_ger am Mühl_bach hier? bleib', tro_tzi_ger Jä_ger, in
Doch bes_ser, du blie_best im Wal_de da_zu, und lie_ssest die Müh_len und
dei_nem Re_vier! hier giebt es kein Wild_ zu ja_gen für dich, hier wohnt nur ein
Mül_ler in Ruh'; was tau_gen die Fischlein im grü_nen Ge_zweig? was will denn das
Reh_lein, ein zah_mes, für mich; und willst du das zärt_li_che Reh_lein seh'n, so
Eich_horn im bläu_li_chen Teich? d'rum blei_be, du trotz_zi_ger Jä_ger, im Hain und

lass dei - ne Büch - sen im Wal - de steh'n, und lass dei - ne klaf - fen - den
lass mich mit mei - nen drei Rä - dern al - lein, und willst mei - nem Schätz - chen dich
Hun - de zu Haus, und lass auf dem Hor - ne den Saus__ und Braus, und schee - re vom
ma - chen be - liebt, so wis - se, mein Freund, was ihr Herzchen be - trübt: Die E - ber, die
Kin - ne das strup - pi - ge Haar, sonst scheut sich im Gar - ten das Reh - lein für - wahr, und
kom - men zu Nacht aus dem Hain, und bre - chen in ih - ren Kohl - gar - ten ein, und
schee - re vom Kin - ne das strup - pi - ge Haar, sonst scheut sich im Gar - ten das
tre - ten und wüh - len her - um in dem Feld, die E - ber, die schiess', du
Reh - lein für - wahr.
Jä - ger - held.

XV.
Eifersucht und Stolz.

lo - sen, klei - nen Flat - ter - sinn, kehr' um, kehr' um, kehr'
um! Sahst du sie ge - stern A - bend nicht am Tho - re
steh'n, mit lan - gem Hal - se nach der gro - ssen Stra - sse
seh'n? Wenn von dem Fang der Jä - ger lu - stig zieht nach Haus,
mf
da steckt kein sitt - sam Kind den Kopf zum Fen - ster 'naus, wenn von dem

Fang der Jä - ger lu - stig zieht nach Haus, da steckt kein sitt - sam Kind den
Kopf zum Fen - ster 'naus. Geh' Bäch - lein hin und sag' ihr das, geh' Bäch - lein
hin und sag' ihr das. Doch sag' ihr nicht, hörst du, kein
p
pp
Wort von mei - nem trau - - - - ri - gen Ge - sicht;
sag' ihr: Er schnitzt bei mir sich ei - ne
pp

Pfeif' aus Rohr und bläst den Kin - dern schö - ne Tänz' und
Lie - der vor; sag' ihr, sag' ihr: er schnitzt bei
mir sich ei - ne Pfeif' aus Rohr, sag' ihr, sag' ihr: er
bläst den Kin-dern schö - ne Tänz' und Lie - - der vor, sag'
ihr's, sag' ihr's, sag' ihr's!
fp
cresc.
f
3

XVI.

Die liebe Farbe.

gern. Will su - chen ei - nen Cy - pres - - sen-hain, ei - ne
gern. Das Wild, das ich ja - ge, das ist der Tod, die
gern. Kein Kreuz - lein schwarz, kein Blüm - lein bunt, grün

Hai - de von grü - nen Ros - - - - ma - rein: mein
Hai - de, die heiss' ich die Lie - - - - bes - noth: mein
Al - les, grün so rings und rund: mein

Schatz hat's Grün so gern, mein Schatz hat's Grün so gern.
Schatz hat's Ja - gen so gern, mein Schatz hat's Ja - gen so gern.
Schatz hat's Grün so gern, mein Schatz hat's Grün so gern.

fp

fp

XVII.

Die böse Farbe.

möch-te die grü-nen Grä-ser all' wei-nen ganz to-dten-bleich, wei-nen ganz to-dten-bleich.

Ach Grün, du bö-se Far-be du, was siehst mich im-mer an so stolz, so keck, so scha-den-froh, mich ar-men, ar-men wei-ssen Mann?

Ich möch-te lie-gen vor ih-rer Thür in

Sturm und Re - gen und Schnee, und sin - gen ganz lei - se bei
Tag und Nacht das ei - ne Wört - chen A - de, — das ei - ne — Wörtchen A -
de! Horch, wenn im Wald ein Jagd - horn schallt, da
klingt ihr — Fen - sterlein, und schaut sie auch nach
mir nicht aus, darf ich doch schauen hinein. O

bin - de von der Stirn dir ab das grü - ne, grü - ne Band, das

grü - ne, grü - ne Band! A - de, a - de! und rei - che mir zum

Ab - schied dei - ne Hand! A - de, a - de! und

rei - che mir zum Ab - schied dei - ne Hand, zum Ab - schied dei - ne

Hand!

XVIII.

Trockne Blumen.

Lenz wird kom-men, und Win-ter wird geh'n, und Blüm-lein wer-den im Gra-se steh'n, und
Blümlein lie-gen in mei-nem Grab, die Blümlein al-le, die sie mir gab.
Und wenn sie wandelt am Hü-gel vor-bei und denkt im Her-zen, der
meint' es treu! dann Blüm-lein al-le her-aus, heraus! der Mai ist kommen, der
pp
fp
fp
f

Win - ter ist aus. Und wenn sie wan-delt am Hü - gel vor-bei, und
pp
denkt im Her - zen, der meint' es treu! dann Blüm - lein al - le her -
aus, her-aus! der Mai ist kom-men, der Win - ter ist aus, dann Blüm - lein al - le her-
p
f
aus, her-aus! der Mai ist kom-men, der Win - ter ist aus.
p
pp
dim.

XIX.

Der Müller und der Bach.

Mässig.
(Der Müller.)
Singstimme.
Pianoforte.
(p)
Wo ein treues Her-ze in Lie-be ver-geht, da
wel-ken die Li-lien auf je-dem Beet; da muss in die Wolken der Voll-mond
gehn, da-mit seine Thränen die Menschen nicht sehn; da hal-ten die Englein die
Au-gen sich zu und schluchzen und sin-gen die See-le zur Ruh.
(Der Bach.)
Und

wenn sich die Lie_be dem Schmerz ent_ringt, ein Sternlein, ein neu_es, am
Him_mel er_blinkt, ein Sternlein, ein neu_es, am Him - mel er_blinkt; da
springen drei Ro_sen halb roth und halb weiss, die wel_ken nicht wie_der, aus
Dor - - nen - reis; und die En - gelein schneiden die Flü_gel sich ab und
gehn al - le Morgen zur Er - de her - ab, und gehn al - le Mor_gen zur

(Der Müller.)
Er - de her - ab. Ach, Bäch - lein, liebes Bächlein, du meinst - es so
gut, ach, Bäch - lein, a - ber weisst du wie Lie - be thut? Ach,
un - ten, da un - ten die küh - le Ruh, ach, Bäch - lein, liebes Bächlein, so
sin - ge nur zu, ach, Bäch - lein, liebes Bächlein, so sin - ge nur zu!

XX.
Des Baches Wiegenlied.

Mässig.
Singstimme.
Pianoforte.
p
Gu_te
Ruh', gu_te Ruh', thu' die Au_gen zu, gu_te Ruh', gu_te Ruh', thu' die Au_gen zu!
bet_ten dich kühl _ auf wei_chen Pfühl, will bet_ten dich kühl _ auf wei_chen Pfühl
Jagd_horn schallt aus dem grü_nen Wald, wenn ein Jagd_horn schallt aus dem grü_nen Wald, will ich
weg, hin_weg von dem Müh_len_steg, hin_weg, hin_weg, bö_ses Mäg_de_lein,
Nacht, gu_te Nacht, bis al_les wacht, gu_te Nacht, gu_te Nacht, bis al_les wacht. Schlaf
Wand'rer, du mü_der, du bist zu _ Haus. Die Treu' ist _ hier, sollst
in dem blau_en kry_stal_le_nen Kämmer_lein. Her_an, her_an, was
sau_sen und brau_sen wohl um dich her. Blickt nicht her_ein, blau_e
dass ihn dein Schatten, dein Schatten nicht weckt! Wirf mir her_ein dein
aus dei_ne Freu_de, schlaf aus dein Leid! Der Voll_mond steigt, der

lie - gen bei mir, die Treu' ist — hier, sollst lie - gen bei mir,. bis das
wie - gen — kann, her - an, her - an, was wie - gen — kann,
Blü - me - lein, blickt nicht her-ein, blau-e Blü - me - lein, ihr
Tüch-lein — fein, wirf mir her-ein, dein Tüch-lein — fein,
Ne - bel — weicht, der Voll - mond steigt, der Ne - bel — weicht, und der
Meer — will trin - ken die Bäch - lein aus, bis das Meer — will trinken die Bäch-lein — aus.
wo - get und wie - get den Kna-ben mir ein, wo - get und wie-get den Kna-ben mir ein!
macht meinem Schläfer die Träu-me so schwer, ihr macht meinem Schläfer die Träu-me so schwer.
dass ich die Au - gen ihm hal - te be-deckt, dass ich die Au-gen ihm hal - te be-deckt.
Himmel da o - ben wie ist er so weit, und der Him-mel da o - ben wie ist er so weit!
1.2.3.4.
5.
Will
Wenn ein
Hin -
Gu - te
pp
p
fp
1.2.3.4.
5.

Die Winterreise

Winterreise.

Ein Cyclus von Liedern von Wilhelm Müller.

Für eine Singstimme mit Begleitung des Pianoforte

Schubert's Werke. componirt von Serie 20. № 517-540.

FRANZ SCHUBERT.

Op. 89.

ERSTE ABTHEILUNG.

Februar 1827.

I.

Gute Nacht.

Druck von Breitkopf & Härtel in Leip

Ausgegeben 1895.

Eh', das Mädchen sprach von Lie - be, die Mut - ter gar von Eh' - nun
mit, es zieht ein Mon - den - schat - ten als mein Ge - fähr - te mit, und
ist die Welt so trü - be, der Weg ge - hüllt in Schnee, nun ist die Welt so trü - be, der
auf den weissen Mat - ten such' ich des Wil - des Tritt, und auf den weissen Mat - ten such'
Weg ge - hüllt in Schnee.
ich des Wil - des Tritt.
fp
pp
Was soll ich länger wei - len, dass man mich trieb' hin - aus? Lass ir - re Hunde
heu - len vor ih - res Her - ren Haus! Die Lie - be liebt das Wan - dern, Gott hat sie so ge -
pp ligato

macht, von Ei_nem zu dem An _ dern, Gott hat sie so ge_macht.
Die Lie _ be liebt das Wan _ dern, fein Lieb_chen, gu _ te Nacht! von
Ei _ nem zu dem An _ dern, fein Lieb_chen, gu _ te Nacht!
Will dich im Traum nicht
pp
stö _ ren, wär' Schad' um dei _ ne _ Ruh, sollst mei_nen Tritt nicht hö _ ren, sacht,

sacht die Thü-re_ zu! Schreib' im Vor-ü-ber-ge-hen an's Thor dir: gu-te_
Nacht, da-mit du mö-gest se-hen, an dich hab' ich ge-dacht.
Schreib' im Vor-ü-ber-ge-hen an's Thor dir: gu-te Nacht, da-
mit du mö-gest se-hen, an dich hab' ich ge-dacht, an dich hab' ich ge-
un poco ritard.
pp
a tempo
dacht.
pp
dim.

II.

Die Wetterfahne.

Stich und Druck von Breitkopf & Härtel in Leipzig.

Ausgegeben 1895

laut
Wind spielt drin_nen mit den Her_zen wie auf dem Dach, nur nicht so laut. Was
pp
cresc.
fra_gen sie nach meinen Schmerzen? ihr Kind ist ei_ne rei_che Braut.
(mf)
cresc.
f
p
leise
Der Wind spielt drinnen mit den Her_zen wie auf dem Dach, nur nicht so laut.
tr
pp
laut
Was fra_gen sie nach meinen Schmerzen? was fra_gen sie nach meinen Schmerzen? ihr
cresc.
mf
cresc.
Kind ist ei_ne rei_che Braut.
f
fz
fz
tr
pp

III.

Gefror'ne Thränen.

Ei_se, wie küh_ler Mor_gen_thau? Und dringt doch aus der Quel_le der
Brust so glühend heiss, als woll_tet ihr zer_schmel_zen des gan_zen Winters Eis, des
gan_zen Winters Eis, ihr dringt doch aus der Quel_le der Brust so glühend heiss, als
stark
woll_tet ihr zer_schmel_zen des gan_zen Win_ters Eis, des gan_zen Win_ters
Eis.
cresc.
fz
f
p
decresc.
pp

IV.

Erstarrung.

*) Urspr: = Nicht zu geschwind.

Stich und Druck von Breitkopf & Härtel in Leipzig.

Ausgegeben 1895.

such' im Schnee ver - ge - - bens nach ih - rer Trit - te Spur, wo
sie an mei - nem Ar - - me durch - strich die - grü - ne Flur.
Ich will den Bo - den küs - sen, durch - drin - gen Eis und
Schnee mit mei - - nen hei - ssen Thrä - nen, bis ich die
Er - de, die Er - - de seh', ich will den Bo - den
mf
f
decresc.
p
fp

küs - sen, durch - drin - gen Eis und Schnee mit mei - - - nen hei - ssen
f
decresc.
p
Thrä - nen, bis ich die Er - de, die Er - - - de
sehʼ. Wo
p
pp ligato
findʼ ich ei - ne Blü - the, wo findʼ ich grü - nes Gras? die
cresc.
p
Blu - men sind er - stor - ben, der Ra - sen sieht so

blass, die Blu - men sind er - stor - ben, der
fp
cresc.
Ra - sen sieht so blass. Wo find' ich ei - ne
p
Blü - the? wo find' ich grü - nes Gras? Soll
cresc.
f
p
denn kein An - ge - den - ken ich neh - men mit von hier? Wenn
p
mei - ne Schmerzen schwei - gen, wer sagt mir dann von ihr? Soll
p

denn kein An - ge - den - - ken ich neh - men mit von hier? Wenn
mei - ne Schmerzen schwei - gen, wer sagt mir dann von ihr?
Mein Herz ist wie er - fro - ren, kalt
mf
starrt ihr Bild da - rin: schmilzt je das Herz mir wie - - der, fliesst
f
auch ihr Bild, ihr Bild da - hin; mein
decresc.
p
fp

Herz ist wie er - fro - ren, kalt starrt ihr Bild da -
rin: schmilzt je das Herz mir wie - der, fliesst
ff
auch ihr Bild, ihr Bild da - hin,
decresc.
p
un poco ritard.
ihr Bild da - hin.
f un poco ritard
a tempo
p
pp
dim.

V.
Der Lindenbaum.

Mässig.*)
Singstimme.
Pianoforte.
pp
cresc.
fp
ppp
p
Am Brunnen vor dem Tho_re da steht ein Lin_den_baum; ich
träumt' in seinem Schatten so manchen sü_ssen Traum. Ich schnitt in seine Rin_de so
manches liebe Wort; es zog in Freud' und Lei_de zu ihm_mich immer fort.
fp
pp

*) Urspr: Mässig langsam.

pp
Ich musst' auch heu_te wan _ dern vor_bei in tie_fer Nacht, da
hab' ich noch im Dun _ kel die Au _ gen zu_ge_macht. Und sei _ ne Zweige
rausch_ten, als rie _ fen sie mir zu: komm her zu mir, Ge_sel _ le, hier
find'st du dei_ne Ruh! Die
fz

kal - ten Win-de blie - sen mir grad' in's An - ge-
p
fz
p
sicht, der Hut flog mir vom Kop - fe, ich
cresc.
f
wen - de-te mich nicht.
decresc.
p
decresc.
fp
Nun bin ich manche Stun - de ent-fernt von je-nem Ort, und
ppp
pp

im - mer hör' ich's rau - schen: du fän - dest Ru - he dort! Nun bin ich manche
Stun - de ent - fernt von jenem Ort, und im - mer hör' ich's rau - schen: du
fän - dest Ruhe dort, du fän - dest Ru - he dort!
fp
fp
pp
decresc.
dim.

VI.

Wasserfluth.

(Ursprünglich in Fis_, später unverändert in E moll.)

Langsam.
Singstimme.
Pianoforte.
p
pp
Man-che Thrän' aus mei-nen Au-gen ist ge-fal-len in den Schnee;
Schnee, du weisst von mei-nem Seh-nen, sag', wo-hin doch geht dein Lauf?
sei-ne kal-ten Flo-cken sau-gen dur-stig ein das hei-sse Weh,
Fol-ge nach nur mei-nen Thrä-nen, nimmt dich bald das Bäch-lein auf,
fp

Stich und Druck von Breitkopf & Härtel in Leipzig.

Ausgegeben 1895.

dur_stig ein das hei_sse Weh.
nimmt dich bald das Bächlein auf.
p
Wenn die Grä - ser spros_sen wol - len, weht da_her_ ein lau _ er Wind,
Wirst mit ihm die Stadt durch_zie - hen, mun_tre Stra_ssen ein_ und aus;
und das Eis zer - springt in Schol - len, und der wei_che Schnee zer_rinnt,
fühlst du mei - ne Thrä_nen glü - hen, da_ ist mei_ner Lieb_sten Haus,
und der wei_che Schnee zer_rinnt.
da_ ist mei_ner Lieb_sten Haus.
mf
pp

VII.
Auf dem Flusse.

*) Urspr: Mässig.

Stich und Druck von Breitkopf & Härtel in Leipzig. F. S. 884. Ausgegeben 1895.

streckt. In dei - ne De - cke grab' ich mit
pp
ei - nem spi - tzen Stein den Na - men mei - ner Lieb - sten und
Stund' und Tag hin - ein: Den Tag des er - sten Grusses, den
Tag, an dem ich ging; um Nam' und Zah - len win - det sich
ein zer - broch' - ner Ring.
dim.
pp

Mein Herz, in die - sem Ba - che er -
kennst du - nun dein Bild? Ob's un - ter sei - ner Rin - de wohl
auch so rei - ssend schwillt, ob's wohl
auch so - rei - ssend schwillt? Mein Herz, in die - sem Ba - che
p
ppp
cresc.
f
tr
pp

(w)
er - kennst du nun dein Bild?
Ob's un - ter sei - ner
ppp
cresc.
f
Rin-de wohl auch so rei - ssend schwillt,
ob's wohl
tr
auch so— rei - ssend schwillt,
ob's wohl auch so— rei - ssend
fz
schwillt?
fp
decresc.
pp

VIII.
Rückblick.

Nicht zu geschwind.
Singstimme.
Pianoforte.
p
fp
f
cresc.
Es brennt mir un_ter beiden Soh_len, tret' ich auch schon auf Eis und Schnee, ich möcht' nicht wie_der A_them ho_len, bis ich nicht mehr die Thür_me seh', hab' mich an je_den Stein ge_

sto - ssen, so eilt' ich zu der Stadt hin - aus; die
Krä - hen war - fen Bäll' und Schlossen auf mei - nen Hut von je - dem Haus, die
Krä - hen war - fen Bäll' und Schlossen auf mei - nen Hut von je - dem Haus.
Wie an - ders hast du mich em - pfan - gen, du
Stadt der Un - beständig - keit! an dei - nen blanken Fenstern san - gen die
f
p

Lerch' und Nach_ti_gall im Streit. Die run_den Lin_den_bäu_me blüh - ten, die
kla_ren Rinnen rauschten hell, und ach, zwei Mäd_chenau_gen glüh - ten! da
cresc.
war's gescheh'n um dich, Ge - sell! und ach, zwei Mäd_chenau_gen glüh - ten! da
p
cresc.
war's gescheh'n um dich, Ge - sell! Kömmt mir der Tag in die Ge-
p
dan_ken, möcht' ich noch ein_mal rückwärts seh'n, möcht' ich zu - rü - cke wie_der
cresc.
f
p

wan-ken, vor ih-rem Hau-se stil-le steh'n; kömmt mir der Tag in die Ge-
cresc.
f
pp
dan-ken, möcht' ich noch ein-mal rückwärts seh'n, möcht'
ich zu-rü-cke wie-der wan-ken, vor ih-rem Hau-se stil-le steh'n, möcht'
pp
ich zu-rü-cke wie-der wan-ken, vor ih- - - -rem Hau-se stil-le
fp
steh'n, vor ih-rem Hau-se stil-le steh'n.
decresc.
pp
dim.

IX.
Irrlicht.

Langsam.
Singstimme.
Pianoforte.
In die tief - sten
Fel - sen - grün - de lock - te mich ein Irr - licht hin:
Wie ich ei - nen Ausgang fin - de, liegt nicht schwer mir in dem Sinn,
liegt nicht schwer mir in dem Sinn.
Bin ge - wohnt das ir - re Gehen, 's führt ja je - der Weg zum

Ziel: un-sre Freu - den, un-sre We - hen, al-les ei-nes Irr-lichts Spiel,
al-les ei-nes Irr-lichts Spiel!
Durch des Berg - stroms trockne
Rin-nen wind' ich ru - hig mich hin - ab; je-der Strom wird's Meer ge - winnen, je-des
Lei - den auch sein Grab, je-der Strom wird's Meer ge - win-nen, je - des
Lei - den auch sein Grab.
f
p
pp
mf

X[a]
Rast.
(Ursprüngliche Fassung.)

Mässig.
Singstimme.
Pianoforte.
Nun merk' ich erst, wie müd' ich bin, da ich zur Ruh mich le - ge; das Wandern hielt mich mun - ter hin auf un - wirthba - rem We - ge. Die Fü - sse frugen nicht nach Rast, es war zu kalt zum Stehen; der Rü - cken fühl - te kei - ne Last, der Sturm half fort mich we - hen, der Rü - cken fühl - te kei - ne Last, der Sturm half fort mich we - hen.
p
cresc.
f
p
cresc.
f
p

In ei-nes Köhlers en-gem Haus hab' Obdach ich ge-fun-den;
pp
doch mei-ne Glieder ruh'n nicht aus, so brennen ih-re Wun-den. Auch
du, mein Herz, in Kampf und Sturm so wild und so ver-we-gen, fühlst in der Still' erst
pp
dei-nen Wurm mit heissem Stich sich re-gen, fühlst in der Still' erst deinen Wurm
cresc.
f
p
mit heissem Stich sich re-gen.
cresc.
f
p
p

X^b.

Rast.

(Spätere Fassung.)

Mässig.
Singstimme.
Pianoforte.
p
dim.
Nun merk'ich erst, wie müd'ich bin, da ich zur Ruh' mich le - ge; das Wandern hielt mich mun-ter hin auf un-wirth-ba-rem We - ge.
Die Fü-sse fru-gen nicht nach Rast, es war zu kalt zum Stehen; der Rü-cken fühl-te kei-ne Last, der Sturm half fort mich we - hen,
leise
stark
pp
cresc.
f
der Rü-cken fühl-te kei-ne Last, der Sturm half fort mich we - hen.

In ei_nes Köhlers en_gem Haus hab' Obdach ich ge - fun - den;
dim.
pp
doch mei_ne Glie_der ruh'n nicht aus, so brennen ih_re Wun_den. Auch
cresc.
p
leise
du, mein Herz, in Kampf und Sturm so wild und so ver_wegen, fühlst in_der Still' erst deinen Wurm
pp
stark
leise
mit hei_ssem Stich sich re - gen, fühlst in_der Still' erst dei_nen Wurm
cresc.
f
pp
stark
mit heissem Stich sich re_gen.
cresc.
f
p
decresc.

XI.
Frühlingstraum.

Etwas bewegt.
Singstimme.
Pianoforte.
pp
Ich
träum-te von bun-ten Blu-men, so wie sie wohl blü-hen im Mai; ich
p
träum-te von grü-nen Wie-sen, von lu-stigem Vo-gel-ge-schrei, von
lu-sti-gem Vo-gel-ge-schrei. Und als die Häh-ne kräh-ten, da
Schnell.
mf
f
ward mein Au-ge wach; da war es kalt und fin-ster, es
p
f
ff

schrieen die Ra_ben vom Dach, da war es kalt und fin _ ster, es
fz
p
fz
Langsam.
schrie_en die Ra _ ben vom Dach. Doch an den Fen_ster_
f
ff
pp
ligato
schei _ ben, wer mal _ te die Blät_ter da? doch an den Fen_ster_schei _ ben, wer
mal _ te die Blät _ ter da? Ihr lacht wohl ü _ ber den Träu _ mer, der
pp
dimin.
Blu_men im Win_ter sah, der Blu_men im Win_ter sah?
dim.

Wie oben.

Ich

träumte von Lieb' um Lie - be, von ei - ner schö - nen Maid, von Her - zen und von

Küs - sen, von Wonne und Se - lig - keit, von Won - ne und Se - lig - keit. Und

Schnell.

als die Häh - ne kräh - ten, da ward mein Her - ze wach, nun

sitz' ich hier al - lei - ne und den - ke dem Trau - me nach, nun

sitz' ich hier al - lei - ne und den - ke dem Trau - me nach.

p *fz* *f* *ff*

Langsam.

Die Au - gen schliess' ich wie - der, noch schlägt das Herz so

pp *ligato*

warm, die Au - gen schliess' ich wie - der, noch schlägt das Herz so

warm Wann grünt ihr Blät - ter am Fen - ster? wann halt' ich mein Lieb - chen im

pp *dimin.*

Arm? wann halt' ich mein Lieb - chen im Arm?

dim.

XII^a.
Einsamkeit.
(Ursprüngliche Fassung.)

Langsam.
Singstimme.
Pianoforte.
pp
fp
Wie
ei-ne trü-be Wol-ke durch heit're Lüf-te geht, wenn in der Tannen-Wipfel ein mat-tes Lüft-chen weht: so zieh' ich mei-ne Stra-sse da-hin mit trä-gem Fuss, durch hel-les, fro-hes Le-ben ein-sam und oh-ne Gruss.
Ach, dass die Luft so ru-hig! ach,
cresc.
tremolando
f
p
fp

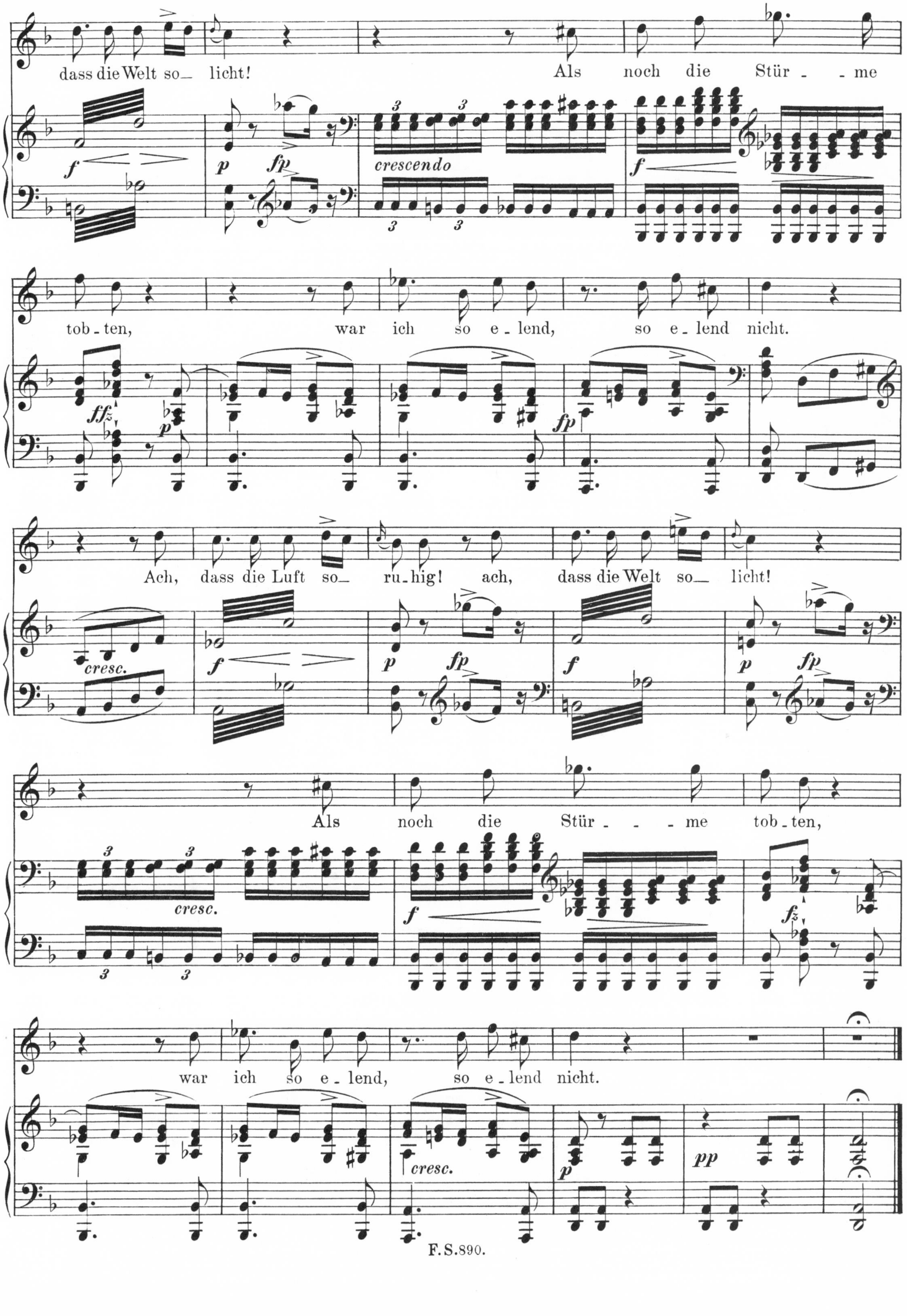

dass die Welt so_ licht! Als noch die Stür _ _ me
crescendo
tob _ ten, war ich so e _ lend, so e _ lend nicht.
Ach, dass die Luft so_ ru _ hig! ach, dass die Welt so_ licht!
cresc.
Als noch die Stür _ _ _ me tob _ ten,
cresc.
war ich so e _ lend, so e _ lend nicht.
cresc.

XII^b.

Einsamkeit.

(Spätere Fassung.)

Langsam.
Singstimme.
Pianoforte.
pp
fp
Wie
ei - ne trü - be Wol - ke durch heit're Lüf - te geht, wenn in der Tan - nen
Wip - fel ein mat - tes Lüft - chen weht: so zieh' ich mei - ne Stra - sse da -
hin mit trä - gem Fuss, durch hel - les, fro - hes Le - ben ein -
sam und oh - ne Gruss. Ach, dass die Luft so ru - hig! ach,
cresc.
f
trem.
p
fp

dass die Welt so licht!
Als noch die Stür - me
trem.
cresc.
tob - ten, war ich so e - lend, so e - lend nicht.
cresc.
Ach, dass die Luft so - ru - hig! ach, dass die Welt so - licht!
Als noch die Stür - - - me tob - ten,
cresc.
war ich so e - lend, so e - lend nicht.
dimin.

ZWEITE ABTHEILUNG.

October 1827.

XIII.

Die Post.

1
Herz, mein Herz?
Die
fp
fp
pp
1
Post bringt kei-nen Brief für dich. Was drängst du denn so wun-der-
lich, mein Herz, mein Herz?
die
pp
p
Post bringt kei-nen Brief für dich, mein Herz, mein Herz, was drängst du denn so
cresc.
p
wun-der-lich, mein Herz, mein Herz?
f
p

Nun ja, die Post kommt aus der Stadt, wo
ich ein lie - bes Lieb - chen hatt', mein Herz!
cresc.
f
wo ich ein lie - bes Lieb - chen hatt',
p
decresc.
pp
mein Herz, mein Herz!
fp
fp
1
1

Willst wohl ___ ein - mal hin - ü - ber seh'n, und fra - - - gen,

wie es dort mag geh'n, mein Herz, ___ mein Herz? ___

willst wohl ein - mal hin - ü - ber seh'n, mein Herz, ___ mein

Herz, ___ und fra - gen, wie es dort mag geh'n, mein Herz, ___

___ mein Herz? ___

pp *pp* *p* *f* *fp* *fp* *p*

XIV.
Der greise Kopf.

Haa - re, dass mir's vor meiner Jugend graut — wie weit noch bis zur
Bahre! wie weit noch bis zur Bahre! Vom A - bendroth zum
Mor - gen licht ward man - cher Kopf zum Grei - se. Wer
glaubt's? und meiner ward es nicht auf die - ser gan - zen Rei - se, auf
die - ser gan - zen Rei - se!
p
fz
pp
f

XV.

Die Krähe.

Etwas langsam.
Singstimme.
Pianoforte.
p
Ei - ne Krä - he
war mit mir aus der Stadt ge - - zo - - gen,
ist bis heu - te für und für um mein Haupt ge -

flo - - gen.
Krä - he,
wun - der liches Thier,
willst mich nicht ver -
las - sen?
Meinst wohl
bald als Beu - te hier
cresc.
mei - nen Leib zu fas - sen?
Nun es wird nicht weit mehr geh'n an dem Wan - der -

sta - be. Krä - he, lass' mich end - lich seh'n
cre - scen - do
Treu - e bis zum Gra - - - - be!
f
fz
Krä - he, lass' mich end - lich seh'n Treu - e bis zum
p
Gra - - - - be!
p
dimin.

XVI.

Letzte Hoffnung.

Nicht zu geschwind.
Singstimme.
Pianoforte.
pp
Hie und da ist an den Bäu - men manches bun-te Blatt zu seh'n,
und ich blei - be vor den Bäu - men oft - mals in Ge - dan - ken
steh'n. Schau-e nach dem ei-nen Blat - te, hän - ge
3

mei - ne Hoffnung dran; spielt der Wind mit meinem Blat - te, zittr' ich,
cresc.
was ich zittern kann.
cresc.
f
Ach, und fällt das Blatt zu Bo - den,
Etwas langsamer.
fällt mit ihm die Hoff - nung ab,
decresc.
p un poco ritard.
pp

a tempo
fall' ich sel - - ber mit zu Bo - den,
a tempo
cresc.
f
decresc.
wein', wein' auf mei - ner Hoff-nung
p
3
Grab, wein', wein' auf mei - ner Hoff - - nung
pp
Grab.
fp
pp

XVII.

Im Dorfe.

Etwas langsam.
Singstimme.
Pianoforte.
pp
cresc.
p
pp
Es bel - len die
Hun - de, es ras - seln die Ket - ten; es schla - fen die

Stich und Druck von Breitkopf & Härtel in Leipzig. Ausgegeben 1895.

Men - schen in ih - ren Bet - ten,
cresc.
träu - men sich Man - ches, was sie nicht
p
pp
ha - ben, thun sich im Gu - ten und Ar - gen er -
cresc.
la - ben; und mor-gen
pp
ritard.
a tempo
früh ist al - les zer - flos - sen.
a tempo
ritard.
dimin.

Je nun, je nun, sie-haben ihr Theil genossen, und
p
hoffen, und hoffen, was sie noch üb-rig liessen, doch wie-der zu fin-den, doch wie-der zu
fin-den auf ih-ren Kis-sen.
decresc.
pp
Bellt mich nur fort, ihr
wa-chen Hun-de, lasst mich nicht ruh'n in der Schlum-mer-
cre- scen-

stun - de! Ich bin zu En - de mit
do - - - - -
p
al - len Träu - men, was will ich un - ter den Schläfern säu -
men? Ich bin zu En - de mit al - len Träu - men,
p
pp
was will ich un - ter den Schläfern säu - - - men?
cresc.
fp
pp

XVIII.

Der stürmische Morgen.

zwischen ih - nen hin, das nenn' ich ei - nen Mor - gen so recht nach mei - nem
Sinn! Mein Herz sieht an dem Him - mel ge - malt sein eig - nes Bild, es
ist nichts als der Win - ter, es ist nichts als der Win - ter, der
Win - ter kalt und wild!
ffz
ffz

XIX.

Täuschung.

Etwas geschwind.
Singstimme.
Pianoforte.
p
Ein Licht tanzt freundlich vor mir her, ich folg' ihm
nach die Kreuz und Quer; ich folg' ihm gern, und seh's ihm an,
dass es ver-lockt den Wan-ders-mann. Ach! wer wie

Stich und Druck von Breitkopf & Härtel in Leipzig.

Ausgegeben 1895.

ich so e-lend ist, giebt gern— sich hin der bun-ten List, die hin-ter Eis und
Nacht— und Graus— ihm weist— ein hel-les, war-mes Haus,—
cresc.
p
und ei- -ne lie-be See-le drin— nur Täu- -schung
ist— für mich Ge-winn!
decresc.

XX.
Der Wegweiser.

Stich und Druck von Breitkopf & Härtel in Leipzig.

Ausgegeben 1895.

Ha_be ja doch nichts be - gan - gen, dass ich Menschen soll_te
scheun, dass ich Menschen soll_te scheun, welch ein thö_richtes Ver - lan - gen treibt mich
in die Wü_ste - nei_en, treibt mich in die Wü_ste - nei'n?
Wei_ser
pp
fp
pp
p

ste-hen auf den We - gen, wei-sen auf die Stä-dte zu, und ich
(Stra - ssen,)
wan-dre son-der Ma - ssen, oh-ne Ruh, und su - che Ruh, und ich
wandre son - der Ma - ssen, oh-ne Ruh, und su - che Ruh, und su - che Ruh.
cresc.
p
decrescendo
pp
Ei-nen Wei-ser seh' ich ste - hen un-ver - rückt vor mei-nem

Blick; ei-ne Stra-sse muss ich ge - hen, ei-ne Stra-sse muss ich ge - hen, die noch
cre - - - - scen - - - do - -
kei - - - - ner ging zu - rück. Ei-nen Wei-ser seh' ich
f
p
pp
ste-hen unver - rückt vor meinem Blick; ei-ne Stra-sse muss ich ge-hen, die noch
cre - - scen - - do - - -
kei - - ner ging zu - rück, die noch kei-ner ging zu - rück.
f
p
pp

XXI.
Das Wirthshaus.

Sehr langsam.
Singstimme
Pianoforte.
pp
cresc.
p
pp
Auf ei_nen To_dten_a_cker hat mich mein Weg ge_bracht; all_
hier will ich ein_keh_ren, hab' ich bei mir ge_dacht.
cresc.
Ihr grü_nen To_dtenkrän_ze, könnt wohl die Zei_chen sein, die
pp

mü_de Wan_drer la_den ins küh_le Wirthshaus ein.
Sind
denn in die_sem Hau - se die Kammern all' be_setzt?
bin matt zum Nie_der_sin - ken, bin
tödtlich schwer verletzt.
O unbarmherz'ge Schenke, doch weisest du mich ab?
Nun
wei_ter denn, nur wei_ter, mein treu_er Wan_der_stab,
nun wei_ter denn, nur wei_ter, mein
treu_er Wan_der_stab!
cresc.
p
cresc.

XXII.

Muth.

(Ursprünglich in A-, später unverändert in G-moll.)

Ziemlich geschwind, kräftig.
Singstimme.
Pianoforte.
Fliegt der Schnee mir ins Gesicht, schüttl' ich ihn herunter.
Höre nicht was es mir sagt, habe keine Ohren,
Wenn mein Herz im Busen spricht, sing' ich hell und munter.
fühle nicht was es mir klagt, Klagen ist für Thoren.
Lustig in die Welt hinein gegen Wind und Wetter!

will kein Gott auf Er_den sein, sind wir sel_ber Göt_ter!
mf
f
Lu_stig in die Welt hinein ge_gen Wind und Wet_ter!
8
mf
f
will kein Gott auf Er_den sein, sind wir sel_ber Göt_ter!
mf
f
f

XXIII.
Die Nebensonnen.

Nicht zu langsam.
Singstimme.
Pianoforte.
p
pp
pp
Drei
Son-nen sah ich am Him-mel steh'n, hab' lang und fest sie an-ge-sehn.
pp
mf
Und sie auch stan-den da so stier, als woll-ten sie nicht
f
p
weg von mir.
Ach, mei-ne Son-nen seid ihr
f
p
p

nicht, schaut an-dern doch in's An-ge-sicht! Ja,
neu-lich hatt' ich auch wohl drei; nun sind hin-ab die be-sten zwei.
Ging' nur die dritt' erst hin-ter-drein! im
Dunkeln wird mir woh-ler sein.
f
p
decresc.
pp
dimin.
p
pp
f
p
pp

XXIV[a]

Der Leiermann.

(Ursprüngliche Fassung.)

Etwas langsam.
Singstimme.
Pianoforte.
pp
pp
Drüben hinterm Dorfe steht ein Leiermann,
Keiner mag ihn hören, keiner sieht ihn an,
und mit starren Fingern dreht er, was er kann.
und die Hunde knurren um den alten Mann.
Baarfuss auf dem Eise wankt er hin und her,
Und er lässt es gehen alles wie es will,

und sein kleiner Tel_ler bleibt ihm immer leer,
dreht,und sei_ne Lei_er steht ihm nimmer still,
und sein kleiner Tel_ler bleibt ihm immer leer.
dreht,und sei_ne Lei_er steht ihm nimmer still.
Wun_der_licher Al_ter, soll ich mit dir gehn? Willst du meinen Liedern
dei_ne Lei_er drehn?
f
p
pp

XXIV.b

Der Leiermann.

(Spätere Fassung.)

Etwas langsam.
Singstimme.
Pianoforte.
pp
pp
Drüben hinterm Dorfe steht ein Lei_ermann,
und mit starren Fingern
dreht er, was er kann.
Baarfuss auf dem Eise wankt er hin und her,
und sein kleiner Teller bleibt ihm immer leer,
und sein kleiner Teller
bleibt ihm immer leer.
Keiner mag ihn hören,

keiner sieht ihn an,
und die Hunde knurren um den alten Mann.
und er lässt es gehen al_les wie es will,
dreht, und seine Leier
steht ihm nimmer still,
dreht, und seine Leier steht ihm nimmer still.
Wun_derlicher Alter, soll ich mit dir gehn?
Willst zu meinen Liedern dei_ne Leier drehn?
f
p
pp

Schwanengesang

Schwanengesang.

Erste Abtheilung.

I.

Liebesbotschaft.

Gedicht von Ludwig Rellstab.

Für eine Singstimme mit Begleitung des Pianoforte

Schubert's Werke. componirt von Serie 20. № 554.

FRANZ SCHUBERT.

August 1828.

Bo - te sei du;
brin - ge die Grü - sse des
Fer - nen ihr zu.
All' ih - re Blu - men im
Gar - ten gepflegt,
die sie so lieb - lich am
Bu - sen trägt,
und ih - re Ro - sen in
pur - purner Gluth,
Bäch - lein, er - qui - cke mit
küh - len - der Fluth,
und ih - re Ro - sen in
pur - pur - ner Gluth,

Bäch-lein, er - qui - cke mit küh - lender Fluth.
Wenn sie am U- - fer, in Träu - - me ver- -
pp
senkt, mei- - - - ner ge- - den- - - kend, das
Köpf - - - - chen hängt: trö - ste die Sü - sse mit
cresc
freund - li - chem Blick, denn der Ge - lieb - te— kehrt bald zurück,

trö - ste die Sü - sse mit freund - li-chem Blick, — denn der Ge-lieb - te —
kehrt bald zu - rück.
decresc.
Neigt sich die Son - ne mit
pp
röth - li-chem Schein,
wie - ge das Lieb - chen in
Schlum - mer ein;
rau - sche sie mur - melnd in

süsse Ruh,
flü - st're ihr Träu - me der
Lie - be zu,
flü - - st're ihr
Träu - - me der
Lie - - - - - - - - be
zu.
pp
dimin.

II.

Kriegers Ahnung.

Gedicht von L. Rellstab.

Für eine Singstimme mit Begleitung des Pianoforte

componirt von

Schubert's Werke. Serie 20. № 555.

FRANZ SCHUBERT.

August 1828.

Stich und Druck von Breitkopf & Härtel in Leipzig. Ausgegeben 1895.

von Sehn - sucht mir so heiss.
p
cresc.
f
decresc.
p
Etwas schneller.
Wie hab' ich oft so süss ge - ruht an ih - rem Bu - sen
warm, an ih - rem Bu - sen warm! wie freundlich schien des
dimin.
a tempo
Heer - des Gluth, lag sie in mei - nem Arm, lag sie in mei - nem
dimin.
Arm!
Hier, wo der Flam - men
pp

düst' - rer Schein, ach, nur auf Waf-fen spielt, hier fühlt die Brust sich
ganz al-lein, hier fühlt die Brust sich ganz al-lein, der
Weh - muth Thrä - ne quillt, der Wehmuth Thrä - ne quillt.
Geschwind, unruhig.
Herz, dass der Trost dich nicht ver -
lässt, dass der Trost dich nicht ver - lässt! es ruft noch man - che
fp
p
cresc.

Schlacht.
Bald
f
decresc.
ruh' ich wohl und schla - - - - fe
pp
fest, Herz - lieb - ste, gu - te Nacht! Herz -
ppp
lieb - ste, gu - te Nacht! Herz, dass der
Trost dich nicht ver - lässt, dass der Trost dich nicht ver - lässt!
cresc.

es ruft noch man - che Schlacht.
Bald ruh' ich wohl
und schla - - - - fe fest,
Herz - lieb - ste, gu - te
Nacht! Herz - - lieb - - - ste, gu - te Nacht!
Tempo I.
Herz - lieb - ste, gu - te Nacht!
decresc.

III.

Frühlingssehnsucht.

Gedicht von L. Rellstab.

Für eine Singstimme mit Begleitung des Pianoforte

componirt von

Schubert's Werke. Serie 20. № 556.

FRANZ SCHUBERT.

Stich und Druck von Breitkopf & Härtel in Leipzig.

F. S. 922.

Ausgegeben 1895.

blu - mi-ger Düf - te ath - mend er - füllt! Wie haucht ihr mich
wol - len hin - un - ter sil - bern in's Thal. Die schwe - ben-de
hof - fen-de Won - ne brin - gest du hold. Wie labt mich dein
schimmernd er - glän - zet Blü - then - schnee! So drän - get sich
won - nig be - grü - ssend an! wie habt ihr dem po - chenden Her - zen ge - than?
Wel - le, dort eilt sie da - hin! tief spie - geln sich Flu - ren und Him - mel da - rin.
se - lig be - grü - ssen-des Bild! es lä - chelt am tief - blau-en Him - mel so mild,
Al - les zum bräut - li-chen Licht; es schwel - len die Kei - me, die Knos - pe bricht;
cresc.
es möch - te euch fol-gen auf luf - ti-ger Bahn, es möch - te euch fol-gen auf
Was ziehst du mich, sehnend ver - lan - gen-der Sinn, was ziehst du mich, sehnend ver-
und hat mir das Au-ge mit Thrä - nen ge - füllt, und hat mir das Au-ge mit
sie ha - ben ge - fun-den, was ih - nen ge - bricht, sie ha - ben ge - fun-den, was
fp
f
luf - ti-ger Bahn. Wo - hin? wo - hin?
lan - gen-der Sinn, hin - ab, hin - ab?
Thrä - nen ge - füllt. Wa - rum? wa - rum?
ih - nen ge - bricht: und du? und du?
pp

Rast - lo - ses Seh - nen! wün - schen-des Herz, im - mer nur
Thrä - nen, Kla - ge und Schmerz?
Rast - lo - ses Seh - nen! wün - schendes Herz, im - mer nur
Thrä - nen, Kla - ge und Schmerz? Auch

ich bin mir schwel - len - der Trie - be be - wusst! wer stil - let mir
end - lich die drän - gen - de Lust? Nur du be - freist den
Lenz in der Brust, nur du be - freist den Lenz in der Brust, nur
du, nur du!
f
ff
decresc.
p

IV.

Ständchen

von L. Rellstab.

Für eine Singstimme mit Begleitung des Pianoforte

componirt von

FRANZ SCHUBERT.

Schubert's Werke. Serie 20. № 557.

August 1828.
Mässig.
Singstimme.
Pianoforte.
pp
Lei - se fle - hen mei - ne Lie - der durch die Nacht zu dir;
Hörst die Nach - ti - gal - len schla - gen? ach! sie fle - hen dich,
in den stil - len Hain her - nie - der,
mit der Tö - ne sü - ssen Kla - gen
Lieb - chen, komm zu mir!
fle - hen sie für mich.
Flü - sternd schlan - ke
Sie ver - stehn des

Stich und Druck von Breitkopf & Härtel in Leipzig.

Ausgegeben 1895.

Wip - fel rau - schen in — des Mon - des Licht, in — des Mon - des
Bu - sens Seh - nen, ken - nen Lie - bes - schmerz, ken - nen Lie - bes -
pp
Licht; des Ver - rä - thers feind - lich Lau - schen fürch - te, Hol - de, nicht,
schmerz, rüh - ren mit den Sil - ber - tö - nen je - des wei - che Herz,
f
fürch - te, Hol - de, nicht!
je - des wei - che
1.
mf
pp

2.
Herz. Lass auch dir die Brust be - we - gen, Lieb - chen, hö - re
cresc.
mich! be - bend harr' ich dir ent - ge - gen!
f
f
komm, beglü - cke mich! komm, beglü - cke mich, —
p
f
f
— be - glü - - cke mich!
decresc.
pp
dimin.

V.

Aufenthalt.

Gedicht von L. Rellstab.

Für eine Singstimme mit Begleitung des Pianoforte
componirt von

Schubert's Werke. Serie 20. № 558.

FRANZ SCHUBERT.

August 1828.

fp
Wie sich die Wel - le an
Wel - - le reiht, flie - ssen die Thrä - nen mir e - wig er - neut,
cresc.
flie - - ssen die Thrä - - - - nen mir
f
e - wig, e - wig er - neut, flie - ssen die Thrä - nen mir e - wig er -
neut.

Hoch in den Kro - nen wo - gend sich's
decresc.
ben marcato
regt, so un - auf - hör - lich mein Her - ze schlägt, hoch in den
mf
Kro - nen wo - gend sich's regt, so un - auf - hör - lich mein Her - ze
schlägt, so un - auf - hör - lich mein Her - - - - - - ze schlägt.
f
Und wie des
fz
p

Fel - sen ur - al - tes Erz, e - wig der - sel - be blei - bet mein
cresc.
Schmerz, e - - - wig der - - sel - - - - - be
f
blei - bet, blei - - bet mein Schmerz, e - wig der-
sel - be blei - bet mein Schmerz.
decresc.

Rau - schen - der Strom, brau - sen - der Wald, star - ren - der Fels mein
Auf - ent - halt, rau - schen - der Strom, brau - sen - der Wald,
star - ren - der Fels, rau - schen - der Strom,
brau - - sen - der Wald mein Auf - ent - halt.
p
cresc.
fff
fff
decresc.
p
pp

VI.

In der Ferne.

Gedicht von L. Rellstab.

Für eine Singstimme mit Begleitung des Pianoforte

componirt von

Schubert's Werke. Serie 20. № 559.

FRANZ SCHUBERT.

August 1828.

Her-ze, das seh-nen-de, Au-ge, das thränende,
Sehnsucht, nie en-dende, heimwärts sich wendende, Busen, der wal-lende, Kla-ge, ver-hal-len-de,
cresc.
f
Abendstern, blinkender, hoff-nungslos sinkender, hoffnungslos sin - - - ken-der!
p
pp
fzp
Lüf - te, ihr sau - - selnden, Wel - len, sanft kräu - - selnden,

Son - nen - strahl, ei - lender, nir - gend ver - wei - lender: die mir mit
Schmer - ze,ach! dies treu - e Her - ze brach,
grüsst von dem Flie - henden, Welt hin - aus Zie - henden,
Welt hin-aus Zie - - - - - - - - - - - - henden!
Lüf - te, ihr säu - selnden, Wel - len, sanft

kräu - selnden, Son - nen - strahl, ei - lender,
cresc.
nir - gend ver - wei - - - - - len - der:
f
decresc.
p
Die mir mit Schmer - ze, ach! dies treu - e Her - ze brach, grüsst von dem
cresc.
Flie - henden, Welt hin - aus Zie - - - - - hen - den,
f
decresc.
ff
Welt hin - aus Zie - - - - - - - hen - den!
ff
decresc.
ffz

Schwanengesang.

Zweite Abtheilung.

VII.

Abschied.

Gedicht von L. Rellstab.

Für eine Singstimme mit Begleitung des Pianoforte
componirt von

FRANZ SCHUBERT.

Schubert's Werke. Serie 20. Nº 560.

August 1828.

Stich und Druck von Breitkopf & Härtel in Leipzig. F. S. 926. Ausgegeben 1895.

kann es auch jetzt nicht beim Abschied gescheh'n, so kann es auch jetzt nicht beim Abschied gescheh'n. A -
de! du mun - tre, du fröh - liche Stadt, A - de!
cresc.
A - de! ihr Bäu - me, ihr Gär - ten so grün, A - de!
Nun reit' ich am sil - bernen Stro - me entlang, weit schal - lend er - tö - net mein

Abschiedsgesang; nie habt ihr ein trau - riges Lied ge - hört, so wird euch auch kei - nes beim
Schei - den bescheert, so wird euch auch kei - nes beim Schei - den bescheert. A - de! Ihr
Bäu - me, ihr Gär - ten so grün, A - de!
A - de! ihr freundlichen Mägdlein dort, A - de!
Was schaut ihr aus blu - menum - duf - tetem Haus mit schel - mischen, lo - ckenden

Bli_cken heraus? Wie sonst, so grüss' ich und schaue mich um, doch nim _ mer wend' ich mein Rösslein um, doch
nim _ mer wend' ich mein Rösslein um. A _ de! ihr freundlichen Mägdlein dort, A _
de!
A _ de! Liebe Son _ ne, so gehst du zur
Ruh, A _ de! Nun schimmert der blin_kenden Ster _ ne Gold; wie

bin ich euch Sternlein am Him - mel so hold; durchziehn wir die Welt auch weit und breit, ihr gebt
ü - berall uns das treu - e Geleit, ihr gebt ü - berall uns das treu - e Ge-leit. A-
de! Liebe Son - ne, so gehst du zur Ruh, A - de!
A - de! Du schimmerndes Fensterlein
hell, A - de! Du glänzest so trau - lich mit dämmerndem Schein, und

la - dest so freundlich ins Hüttchen uns ein. Vor - ü - ber,ach,ritt ich so man-ches-mal und
wär' es denn heu-te zum letz-ten mal, und wär' es denn heu-te zum letz-ten mal? A - de! Du
schimmerndes Fensterlein hell, A - de!
decresc.
A - de! Ihr Ster - ne verhül - let euch
pp
grau! A - de! des Fensterlein trü-bes verschimmerndes Licht er-

setzt ihr un-zäh-ligen Ster - ne mir nicht.
Darf ich
hier nicht wei-len, muss hier vorbei, was hilft es, folgt ihr mir noch so treu! darf ich hier nicht
wei-len, muss hier vor-bei, was hilft es, folgt ihr mir noch so treu! A-de! Ihr Ster-ne verhül-let euch
grau! A - de!
mf
pp

VIII.

Der Atlas.

Gedicht von H. Heine.

Für eine Singstimme mit Begleitung des Pianoforte

componirt von

FRANZ SCHUBERT.

Schubert's Werke. Serie 20. № 561.

August 1828.

Etwas geschwind.

Singstimme.

Pianoforte.

f

Ich un - glücksel'-ger At - las, ich un - glücksel'-ger At - las! ei - ne

mf

Welt, die gan - ze Welt der Schmerzen muss ich tra - gen, die gan - - ze

Welt muss ich tra - gen, ich tra - ge Un - er - träg - liches, und

cresc.

Stich und Druck von Breitkopf & Härtel in Leipzig. F. S. 927. Ausgegeben 1895.

bre-chen will mir das Herz im Lei - - - - - - be.
fff
fz
fz
Du stol-zes Herz, du hast es ja ge-
fp
fp
fp
fp
wollt! Du woll-test glück-lich sein, un-end - - - lich
fp
glück-lich, o-der un-end - - - lich e - lend, un-end - - - lich
decresc.
pp

e - lend, stol - zes Herz, und je - tzo bist du
cre - - - scen - - - do
e - - lend. Ich un - glücksel'ger At-las, ich un - glücksel'ger At-las! die
fff
gan - ze Welt der Schmerzen muss ich tra-gen, die gan - ze Welt muss ich tra-gen, die
gan-ze Welt der Schmerzen muss ich tra - gen.
fff
p
fz

IX.

Ihr Bild.

Gedicht von H. Heine.

Für eine Singstimme mit Begleitung des Pianoforte

componirt von

FRANZ SCHUBERT.

Schubert's Werke. Serie 20. № 562.

August 1828.

wie von Weh - muths - thrä-nen er - glänz-te ihr Au - gen - paar.
Auch mei - ne Thrä-nen flos - sen mir von den Wan-gen her-
ab -
und ach, ich kann es nicht glau - ben, dass ich
dich ver - lo - ren hab'.
pp
cresc.
f

X.

Das Fischermädchen.

Gedicht von H. Heine.

Für eine Singstimme mit Begleitung des Pianoforte
componirt von

FRANZ SCHUBERT.

Schubert's Werke.

Serie 20. № 563.

August 1828.

Stich und Druck von Breitkopf & Härtel in Leipzig.

Ausgegeben 1895.

ko - sen Hand in Hand.
dim.
Leg' an mein Herz dein Köpf - chen und fürch-te dich nicht zu sehr; —
ver - traust du dich doch sorg - los täg-lich dem wil - den
Meer, ver - traust du dich doch sorg - los täglich dem wil - den Meer, —
täg-lich dem wil - den Meer.

Mein Herz gleicht ganz dem Mee - re, hat Sturm und Ebb' und
dimin.
Fluth, und man-che schö - ne Per - le in
sei - ner Tie - fe ruht, und man-che schö - ne Per - le in sei - ner Tie - fe
ruht, in sei - ner Tie - fe ruht.
dimin.

XI.

Die Stadt.

Gedicht von H. Heine.

Für eine Singstimme mit Begleitung des Pianoforte

componirt von

Schubert's Werke. Serie 20. Nº 564.

FRANZ SCHUBERT.

August 1828.

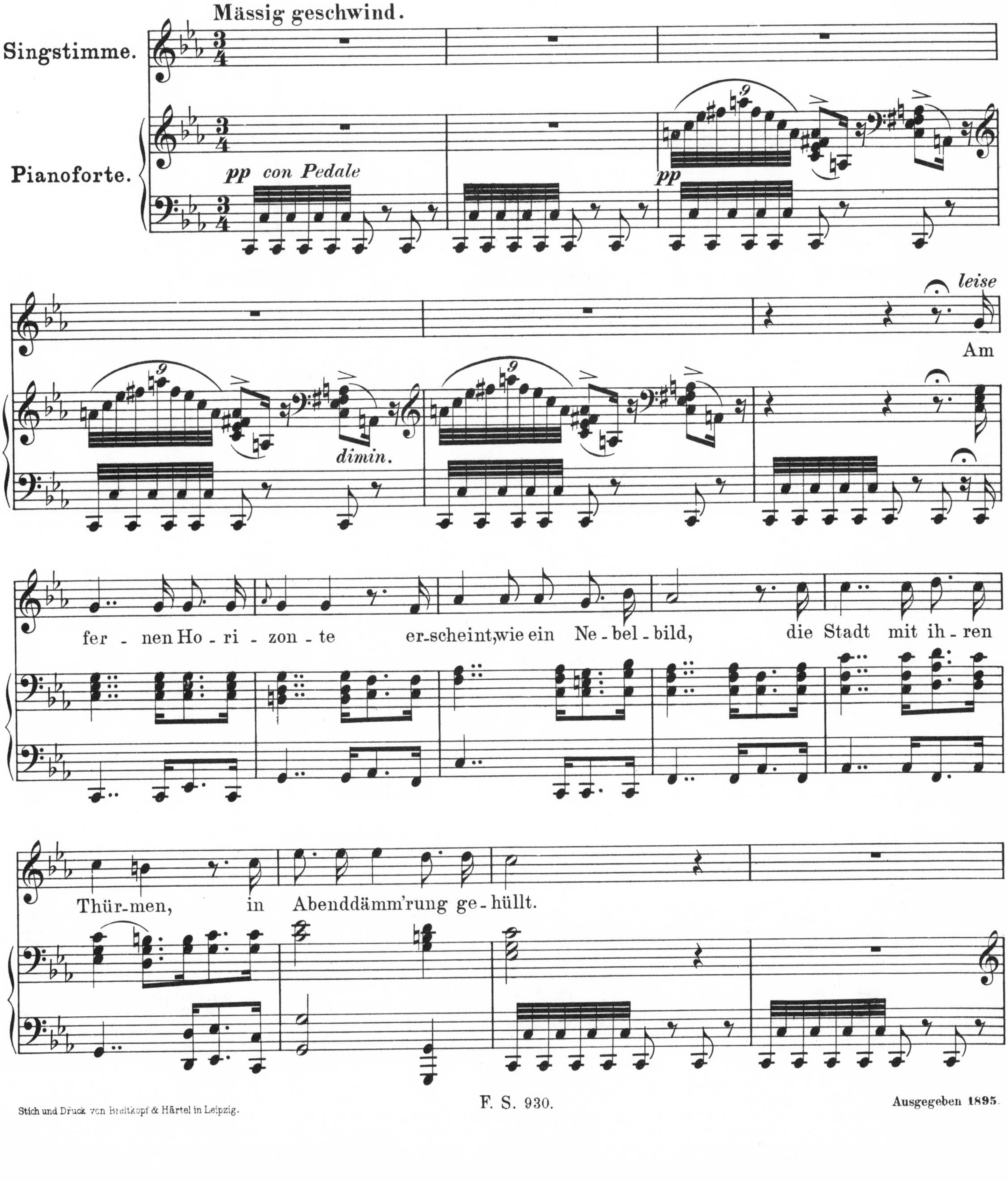
Mässig geschwind.
Singstimme.
Pianoforte.
pp con Pedale
pp
dimin.
leise
Am
fer - nen Ho - ri - zon - te er-scheint, wie ein Ne - bel - bild, die Stadt mit ih - ren
Thür-men, in Abenddämm'rung ge - hüllt.

Stich und Druck von Breitkopf & Härtel in Leipzig.

Ausgegeben 1895.

Ein feuch - ter Wind - - zug
pp
kräu - - selt die grau - e Was - - ser - bahn; mit
trau - rigem Tak - - te ru - - dert der Schif - - fer in meinem
dimin.
Kahn.
stark
Die
f

3
Son - ne hebt sich noch ein - mal leuchtend vom Bo - - den em - por, und
3
zeigt mir je - ne Stel - le, wo ich das Lieb - ste ver - lor.
ff
decresc.
p
9
pp
9
9
dimin.

XII.

Am Meer.

Gedicht von H. Heine.

Für eine Singstimme mit Begleitung des Pianoforte

componirt von

Schubert's Werke. Serie 20. № 565.

FRANZ SCHUBERT.

August 1828.

Sehr langsam.
Singstimme.
Pianoforte.
Das Meer erglänz-te weit hinaus im letz-ten A-bend-
p
pp
molto ligato
schei-ne, wir sassen am ein-samen Fi-scherhaus, wir sa-ssen stumm und al-lei-ne.
ppp
Der Ne-bel stieg, das Was-ser
pp
cresc.
schwoll, die Mö-ve flog hin und wie-der; aus dei-nen Au-gen
p
decresc.
pp

lie-bevoll, fie-len die Thränen nie - der. Ich sah sie fal-len auf dei-ne Hand, und
ppp pp
bin auf's Knie ge - sun - ken, ich hab' von dei-ner weissen Hand die Thränen fort ge - trun - ken.
ppp
Seit je - ner Stun-de
pp
verzehrt sich mein Leib, die See - le stirbt vor Seh - nen; mich
cresc.
p
decresc.
hat das unglückseI'ge Weib ver - gif-tet mit ih - ren Thrä - nen.
pp
pp
ppp

XIII.

Der Doppelgänger.

Gedicht von H. Heine.

Für eine Singstimme mit Begleitung des Pianoforte

componirt von

Schubert's Werke. Serie 20. № 566.

FRANZ SCHUBERT.

August 1828.

Sehr langsam.
Singstimme.
Pianoforte.
pp
Still ist die Nacht, es ru_hen die Gassen,
in die _ sem Hau_se wohn_te mein Schatz;
sie hat schon
längst die Stadt ver _ las_sen, doch steht noch das Haus auf dem_sel _ ben
Platz. Da steht auch ein Mensch, und starrt in die Hö_he,
cresc. poco a poco

Stich und Druck von Breitkopf & Härtel in Leipzig.

Ausgegeben 1895.

und ringt die Hände vor Schmer - zens - ge - walt; — mir — graut es,
wenn ich sein Ant - litz se - he, der Mond zeigt mir mei - ne eig' - ne Ge - stalt. —
Du Dop - pel - gänger, du bleicher Ge - sel - le! was äffst du nach mein
Lie - besleid, das mich gequält auf die - ser Stel - le so man - che
Nacht, in al - - - ter Zeit?
fff
ffz
decresc.
p
cresc.
accelerando
ff
pp
ppp

XIV.

Die Taubenpost.

Gedicht von Joh. Gabr. Seidl.

Für eine Singstimme mit Begleitung des Pianoforte

componirt von

FRANZ SCHUBERT.

Schubert's Werke. Serie 20. № 567.

October 1828.

Stich und Druck von Breitkopf & Härtel in Leipzig.

Ausgegeben 1895.

Dort schaut sie zum Fen - ster
pp
heimlich hinein, belauscht ihren Blick und Schritt, gibt mei - ne Grü - sse scher_zend ab, und
nimmt die ih - ren mit. Kein Brief - chen brauch' ich zu schrei - ben mehr, die Thrä - ne selbst geb' ich
un poco cresc.
ihr, o, sie verträgt sie si - cher nicht, gar ei - frig dient sie mir, gar
p
ei - frig dient sie mir.
decresc.

Bei Tag, bei Nacht, im Wa_chen, im Traum, ihr gilt das Al_les gleich,
pp
wenn sie nur wan_dern, wandern kann, dann ist sie ü_berreich.
Sie wird nicht müd', sie wird nicht matt, der Weg ist stets ihr neu, sie
pp
braucht nicht Lockung, braucht nicht Lohn, die Taub' ist so mir treu, die Taub' ist so mir
treu. D'rum heg' ich sie auch so treu an der Brust, ver_si_chert des schönsten Gewinns;
cresc.
decresc.

sie heisst: die Sehnsucht_ kennt ihr sie? kennt ihr

pp

sie? die Bo _ tin treu_en Sinn's, die Bo _ tin treu_en Sinn's. Drum

heg' ich sie auch so treu an der Brust, ver_si_chert des schönsten Gewinns; sie

cresc. *decresc.*

heisst: die Sehnsucht_ kennt ihr sie? kennt ihr

pp

sie? die Bo _ tin treu_en Sinn's, die Bo _ tin treu _ en Sinn's.

p

dimin.

Translations of Texts by Henry S. Drinker

DIE SCHÖNE MÜLLERIN
Op. 25
Wilhelm Müller

No. 1
Das Wandern
Wandering

Das Wandern ist des Mül-lers Lust,
To wan-der is the mil-ler's joy,

das Wan-dern!
to wan-der!

Das muss ein schlech-ter Mül-ler sein,
The best of mil- lers love to roam,

dem nie-mals fiel das Wan-dern ein,
and nev- er wants to stay at home,

(das Wan-dern,)
to wan-der,

Vom Was-ser ha-ben wir's ge-lernt, vom Wasser,
The wa- ter is a wan- drer too, the wa-ter,

Das hat nicht Rast bei Tag und Nacht,
It pau- ses not by night or day,

ist stets auf Wan-der-schaft be-dacht, .
but ev- -er wan-ders on its way, .

Das seh'n wir auch den Rä- dern ab,
The mill- wheel ne- ver wants to rest,

den Rä- dern,
the mill-wheel,

Die gar nicht ger-ne stil-le steh'n,
The whole day long is ne-ver still,

die sich mein Tag nicht mü- de dreh'n,
as round it goes to turn the mill, .

Die Stei- ne selbst, so schwer sie sind,
The stones tho hea- -vy ne- -ver rest,

die Stei- ne,
the mill-stones,

sie tan-zen mit den mun-tern Reih'n
they dance a jol- ly gay du- -et,

und wol- len gar noch schnel-ler sein, .
and wish they might go fas- -ter yet, .

O Wan-dern, wan-dern, mei-ne Lust,
O wan-dring wan-dring, is my joy,

Herr Mei-ster und Frau Mei-ste-rin,
So now my mas-ter let me go,

lasst mich in Frie-den wei- ter zieh'n,
in peace to wan- der high and low,

(und wan-dern) .
to wan-der, .

No. 2
Wohin?
Where?

Ich hört' ein Bäch-lein rau-schen
I heard a brook-let gush-ing,

wohl aus dem Fel-sen-quell,
from springs on rock-y height;

hin-ab zum Tha-le rau-schen
to sun-ny val-ley rush-ing,

so frisch und wun- der- hell.
so fresh and won-drous bright.

Ich weiss nicht, wie mir wur- de,
Who bade me go I know not,

nicht wer den Rath mir gab,
it may have been a dream,

(ich muss-te auch hin-un- ter
(1)but with my staff I fol-lowed
(2) I took my staff & fol-lowed

mit mei-nem Wan- der- -stab,).
this gai-ly tumb-ling stream, .

Hin-un-ter und im-mer wei-ter,
On, on-ward and ev-er down-ward,

und im-mer dem Ba-che nach,
a-long by the way it took,

und im-mer fri-scher rausch- te,
and ev-er fresh-er rip- pling,

und im-mer hel-ler der Bach, .
and ev-er clear-er the brook,.

Ist das denn mei- ne Stra-sse?
Do you then point my path-way?

O Bäch-lein, sprich, wo- hin?
O brook now tell me where?

Wo-hin, sprich, wo- hin?
O where, tell me where?

Du hast mit dei- nem Rau-schen
O brook, your rip-pling mu- sic,

mir ganz be-rauscht den Sinn, .
is more than I can bear, .

Was sag' ich denn vom Rau-schen?
Is this a brook that rip-ples?

das kann kein Rau-schen sein.
a brook it can- not be.

Es sin-gen wohl die Ni- xen
The wa-ter-sprites are sing-ing,

tief un- ten ih-ren Reih'n, .
and danc-ing to the sea, .

Schöne Müllerin, No. 2 (cont)

Lass sin- gen, Ge- sell. lass rau-schen,
Keep sing-ing, my friend, keep rip-pling,

und wan-dern fröh-lich nach!
while we go gai- -ly by, !

Es geh'n ja Müh-len- rä- -der
How ma- -ny bu- sy mill-wheels

in je- dem kla-ren Bach, .
one brook must sa-tis- fy, .

No. 3
Halt
Pause

Ei-ne Müh-le seh' ich blin- ken
Now I see a lit- tle mill-house

aus den Er-len her-aus,
that the al-ders con-ceal,

durch Rau-schen und Sin- gen
and hear mid the splash-ing

bricht Rä-der- ge-braus,
the roar of the wheel.

Ei will-kom-men, ei will-kom- men',
You are wel-come, bu- sy mill- wheel,

sü- sser Müh-len-ge-sang,
grind-ing slow and se-rene,

und das Haus, wie so trau-lich!
and the house, O so co- -sy,

und die Fen-ster, wie blank!
and the win-dows, how clean!

und die Son- ne, wie hel-le
and the sun-shine, from Hea-ven,

vom Him- -mel sie scheint, !
so bright there I see, !

Ei, Bäch-lein, lie- bes Bäch-lein,
O brook-let, dear-est brook-let,

war es al- so ge- meint?
was this all meant for me?

No. 4
Danksagung an den Bach
Thanksgiving to the Brook

War es al- so ge-meint,
Is it this you in-tend,

mein rau-schen-der Freund?
my clat- ter- ing friend?

dein Sin-gen, dein Klin-gen,
the sing-ing, the ring-ing,

No. 4 (cont)

war es al-so ge-meint,
can it be, can it be,

war es al- so ge-meint?
that you mean it for me?

Zur Mül- -le-rin hin,
This maid that I see,

so lau- tet der Sinn.
does she think of me?

Gelt, hab' ich's ver-stan-den, ?
Come, tell me now tru- ly,

zur Mül- le- rin hin, .
did she send you for me. ?

Hat sie dich ge-schickt?
O can it be true?

o- der hast mich be-rückt?
did she real- ly send you?

das möcht ich noch wis-sen,
I want so to know it,

ob sie dich ge-schickt, .
if this can be true, ?

Nun wie's auch mag sein,
How- ev- -er it be,

ich ge- be mich drein:
tis luck-y for me:

was ich such', hab' ich fun-den,
I have found what I want-ed,

wie's im- mer mag sein
how luck- y for me!

Nach Ar-beit ich frug,
with plen-ty to do,

nun hab' ich ge- nug,
and love-mak-ing too,

für die Hän- de, für's Her-ze,
bu- -sy work-ing and lov-ing,

voll-auf, ge-nug, voll- auf ge-nug.
e-nough to do, e- nough to do.

No. 5
Am Feierabend
Leisure at Evening

Hätt' ich tau-send Ar- me zu rüh-ren!
With a thou-sand arms as their mas-ter!

könnt' ich brau-send die Rä-der füh-ren!
could I turn the wheel ev-en fas-ter!

könnt' ich we-hen durch al- le Hai- ne!
could I buf-fet the wind and wea-ther!

Schöne Müllerin, No.5 (cont)

könnt' ich dre- hen al- le Stei-ne!
heave up both the stones to-geth-er!

dass die schö-ne Mül-le- rin
that the fair-est mai-den can

merk-te mei- nen treu-en Sinn.
see how faith-ful I can be!

dass die schö-ne Mül- le- rin
that the fair-est maid can see

merk-te mei-nen,mei-nen treu-en Sinn,
how de-vo- ted(tru-ly) I can be, !

Ach,wie ist mein Arm so schwach!
Ah, but I am frail of frame!

Was ich he- be, was ich tra- -ge,
cut-ting fag- gots,heav- ing boul-ders,

was ich schnei-de, was ich schla-ge,
bear-ing meal-sacks on my shoul-ders,

je-der Knap-pe thut mir's nach, .
a- ny boy can do the same, .

Und da sitz' ich in der gro-ssen Run- de,
In a cir- cle seat-ed, what a plea-sure,

in der stil-len,küh-len Fei- er-stun-de,
is the qui- et ev'ning hour of lei-sure,

und der Mei-ster spricht zu Al- len;
and the mas-ter, as we leave him,

eu- er Werk hat mir ge- fal- len,
tells us how our work has pleased him,

eu- er Werk hat mir ge- fal- len.
how our work to- day has pleased him.

und das lie-be Mäd-chen sagt:
and the mai-den,my de-light,

Al- len ei-ne gu- te Nacht,
bids us all a sweet good-night,

Al- len ei-ne gu- te Nacht.
bids us all a sweet good night.

No.6
Der Neugierige
The Curious One

Ich fra- ge kei-ne Blu- me,
I would not ask a rose-bud,

ich fra- ge kei-nen Stern;
I would not ask a star;

sie kön-nen mir al- le nicht sa-gen,
I know they can none of them tell me,

was ich er-führ' so gern.
how-ev- er wise they are.

No.6 (cont)

Ich bin ja auch kein Gärt-ner,
I know I am no gard'ner,

die Ster- ne steh'n zu hoch;
the stars are far too high;

mein Bäch-lein will ich fra-gen,
my brook can tell me wheth-er

ob mich mein Herz be-log.
my heart has told a lie.

O Bäch-lein mei-ner Lie- be,
O brook I love so dear- ly,

wie bist du heut' so stumm!
why are you dumb to- day?

Will ja nur Ei- nes wis-sen
One lit-tle thing I ask you,

ein Wört-chen um und um, .
one lit- tle word to say, .

Ja,heisst das ei-ne Wört-chen,
"Yes" is the word I hope for,

das and'-re hei-sset nein,
the oth- er word is "No",

die bei- den Wört- chen schlie-ssen
how small the words that cir- -cle,

die gan- ze Welt mir ein.
my world of joy or woe.

O Bäch-lein mei-ner Lie- be,
This maid I love so dear-ly,

was bist du wun- der-lich,
for whom I yearn and pine,

will's ja nicht wei- ter sa-gen,
—I real-ly will tell no one,—

sag',Bäch-lein,liebt sie mich, ?
O tell me, is she mine, ?

No.7
Ungeduld
Impatience

Ich schnitt' es gern in al- le Rin-den ein,
I have to carve it plain on ev-'ry tree,

ich grüb' es gern in je-den Kie-sel-stein,
on ev'-ry stone for ev'-ry- one to see,

ich möcht' es sä'n auf je- des fri-sche Beet,
to plant it plain in all the flow-er- beds,

mit Kres- sen- -sa-men, der es schnell
with seeds that quick-ly sprout and raise

ver- räth,
their heads,

Schöne Müllerin, No.7 (cont)

auf je- den wei-ssen Zet- tel möcht' ich's
to drink it deep,my won-drous ma- -gic

schrei-ben;
po- tion;

Dein ist mein Herz, dein ist mein Herz,
Thine is my heart, thine is my heart,

und soll es e- wig, e- wig blei-ben, .
in ev- er-last-ing,mad de- -vo-tion!

Ich möcht' mir zie-hen ei-nen jun- gen Staar,
I'd like to raise a ro-bin,strong and young,

bis dass er spräch' die Wor- te rein und klar,
and teach him well the words that must be sung

bis er sie spräch' mit mei-nes Mun- des klang,
to tell her all my ea- ger lips would say,

mit mei-nes Her-zens vol-lem,hei-ssem Drang,
the rich out-pour-ing of my heart to- -day;

dann säng' er hell durch ih- re Fen-ster-
to stir with-in her heart a sweet com-

-schei-ben: Dein ist mein Herz, etc.
-mo- tion: Thine is my heart,etc.

Den Mor-gen- win-den möcht' ich's hau-chen ein,
I'd like to breathe it in the mor-ning breeze,

ich möcht' es säu- seln durch den re- gen Hain;
to waft it whis-pring thru the bud-ding trees!

o leuch-tet' es aus je-dem Blu-men-stern!
O would it shone in ev'-ry flow-er-star,

trüg es der Duft zu ihr von nah' und fern!
to bear its fra-grance to her from a- far,

Ihr Wo- gen,könnt ihr nichts als Rä- der treiben?
by hill and vale, and ov- -er earth and o-cean:

Dein ist etc.
Thine is etc.

Ich meint' es müsst' in mei-nen Au-gen steh'n,
I thought that she must see it in my eyes,

auf mei-nen Wan- gen müsst' man's bren-nen seh'n,
or on my cheeks,or hear it in my sighs,

zu le-sen wär's auf mei-nem stum-men Mund,
or read it in my si-lence,dumb with awe,

ein je- der A- them-zug gäb's laut ihr kund;
the love pro-claimed by ev'- ry breath I draw;

und sie merkt nichts von all dem ban-gen
yet of it all she seems to have no

Trei-ben: Dein ist etc.
no-tion: Thine is etc.

No.8

Morgengruss

Morning Greeting

Gu-ten Mor- gen,schö-ne Mül-le- rin!
Good morn-ing,love-ly mil-ler-maid!

wo steckst du gleich das Köpf-chen hin,
of what can you be so a- fraid,

als wär' dir was ge-sche- hen?
has aught oc-curred to grieve you?

Ver-driesst dich denn mein Gruss so schwer?
My greet- ing, does it bo- ther you?

ver-stört dich denn mein Blick so sehr?
and does my glance dis-turb you too?

So muss ich wie-der ge- hen, .
if so,then I must leave you, .

O lass mich nur von fer-ne steh'n,
O let me stand then far a- way

nach dei- nem lie-ben Fen-ster seh'n,
from where your pret-ty cur-tains sway,

von fer-ne, ganz von fer- ne!
your little room a- dorn-ing!

Du blon-des Köpf-chen, komm her- vor!
You gol-den ring-lets,please come out!

her-vor aus eu- rem run-den Thor,
un-latch the door and look a- bout,

ihr blau-en Mor-gen-ster-ne,
you a-zure stars of mor-ning,

ihr Mor-gen-ster-ne!
you stars of mor-ning!

Ihr schlum-mer-trunk'-nen Äu- ge-lein,
Ye slum- ber- la- -den eyes of blue,

ihr thau-be-trüb-ten Blü- me-lein,
like flow-ers wet with mor-ning dew,

was scheu-et ihr die Son-ne?
so gen-tle,sweet and ten-der;

Hat es die Nacht so gut ge- meint,
Are you in-deed so pleased with sleep

dass ihr euch schliesst und bückt und weint
that you should ev- -er close or weep

nach ih - rer stil-len Won-ne,
for night-time's calm sur-ren-der,

nach ih-rer Won-ne?
that calm sur-ren-der?

Nun schüt-telt ab der Träu - me Flor,
Now let your eyes shake off their dreams,

Schöne Müllerin, No.8 (cont)

und hebt euch frisch und frei em- por
and launch a- -fresh their star-ry beams,

in Got-tes hel- len Mor-gen!
with God to greet the mor-row!

Die Ler-che wir-belt in der Luft,
The lark is soar-ing in the air,

und aus den tie-fen Her- zen ruft
and sing-ing of his heart's de- spair,

die Lie-be Leid und Sor-gen,
of love and joy and sor-row,

Leid und Sor-gen.
joy and sor-row.

No.9
Des Müllers Blumen
The Miller's Flowers

Am Bach viel klei-ne Blu-men steh'n,
A- long the brook the vio-lets grow

aus hel- len blau-en Au- gen seh'n;
their eyes are blue and bright they glow;

der Bach, der ist des Mül-lers Freund
my friend the brook is tried and true;

und hell-blau Lieb-chens Au-ge scheint,
her two bright eyes are al-so blue,

d'rum sind es mei-ne Blu- men, .
so these must be my flow-ers, .

Dicht un- ter ih- rem Fen-ster-lein,
Be-neath her win-dow.right be- low,

da will ich pflan-zen die Blu-men ein
I'll make some love- - ly tu-lips grow,

da ruft ihr zu,wenn al-les schweigt,
with li- ly,rose and daf-fo- -dil,

wenn sich ihr Haupt zum Schlum-mer neigt,
to call to her when all is still,

ihr wisst ja, was ich mei- ne, .
you all will know my mean-ing, .

Und wenn sie thät die Äug-lein zu
And when she shuts her star-ry eyes

und schläft in sü- sser, sü- sser Ruh'
and down to sleep and dream-ing lies,

dann lis-pelt als ein Traum-ge-sicht,
to slum-ber on her lit-tle cot,

ihr zu: Ver-giss, ver-giss mein nicht!
then whis-per soft:"For-get me not"!

Das ist es, was ich mei- ne, .
And now you know my mean-ing, .

No.9 (cont)

Und schliesst sie früh die La- den auf,
And when she parts the blinds a-bove,

dann schaut mit Lie-bes- blick hin-auf;
look up at her with glance of love;

der Thau in eu- ren Äu- ge-lein,
the dew that makes your eyes to shine

das sol-len mei- ne Thrä-nen sein,
will be the tears that fell from mine,

die will ich auf euch wei-nen, .
these I will weep up- on you, .

No. 10
Thränenregen
Rain of Tears

Wir sas- sen so trau-lich bei-sam-men,
How friendly we sat there to-geth-er,

im küh- len Er-len-dach
how cool the al-der-nook!

wir schau-ten so trau-lich zu-sam-men
how co- si- ly sit- ting to-geth-er,

hin- -ab in den rei-seln-den Bach.
and watching the mur-mur- ing brook!

Der Mond war auch ge-kom-men,
The moon had just a- ris-en,

die Stern-lein hin-ter-drein,
the stars be- gan to gleam,

und schau-ten so trau-lich zu-sam-men
so near and so dear as we sat there,

in den sil-ber-nen Spie-gel hin- ein.
look-ing down in the mir-ror-ing stream.

Ich sah nach kei- nem Mon- de,
But I saw naught of moon-light,

nach kei-nem Ster-nen-schein,
nor a- ny star that shone,

ich schau-te nach ih- rem Bil-de,
for all I could see was her im-age,

nach ih- -ren Au-gen al-lein.
her im-age and eyes — a- lone.

Und sa-he sie ni-cken und bli-cken,
I saw but her nods and her glan-ces,

her-auf aus dem se-li-gen Bach,
her eyes in the bles- sed brook;

die Blüm-lein am U- fer, die blau-en,
the lit- tle blue flow'rs on the bor-der,

sie nick-ten und blick-ten ihr nach.
how friend-ly and know- ing they look!

Schöne Müllerin, No.10 (cont)

Und in den Bach ver-sun-ken
The whole of migh-ty Hea-ven

der gan-ze Him-mel schien,
seemed sun-ken in the flow,

und woll-te mich mit hin-un- ter
and ea-ger to drag me down-ward,

in sei-ne Tie- fe zieh'n.
to join it deep be- low.

Und ü-ber den Wol-ken und Ster-nen,
And ov-er the stars in its mir- ror,

da rie- sel- te mun-ter der Bach
the brook rip-pled on to the sea,

und rief mit Sin- gen und Klin-gen:
and sang to us laugh-ing and mer- ry:

Ge-sel-le, Ge-- sel- le, mir nach!
"Be-lov-ed ones, come fol- low me!"

Da gin-gen die Au- gen mir ü- ber,
My eyes ov-er- flow-ing with rapture,

da ward es im Spie-gel so kraus;
the mir-ror was cloud-ed in foam;

sie sprach: es kommt ein Re- gen,
she said: it seems to be rain-ing.

a- de! ich geh' nach Haus.
Good-bye, I must go home."

No.11
Mein
Mine

Bäch-lein, lass dein Rau-schen sein!
Brook-let, let your rip-pling cease!

Rä- der, stellt eu'r Brau-sen ein!
Mill-wheel, stop your roar in peace!

all' ihr mun-tern Wald-vö- ge- lein,
all you mer- ry sin-gers that call,

gross und klein,
great and small,

en- det eu-re Me- lo-dein,
end your mu-sic, one and all!

Durch den Hain aus und ein
Hill and dale all a-shine,

schal-le heut' ein Reim al- lein
fir and ma- -ple, birch and pine,

durch den Hain aus und ein,
field and stream, grove and vine,

schal-le heut' ein Reim al- lein:
all in one glad song com-bine:

No-11 (cont)

die ge- lieb-te Mül-le- rin ist mein, .
"Now this love-ly mil-ler-maid is mine;" !

Früh- ling, sind das al- le dei- ne
Spring-time, are these all the flow'rs you

Blü- me-lein?
have to show?

Son- ne, hast du kei-nen hell- ern Schein?
Sun-shine, have you no more ra-diant glow?

Ach! so muss ich ganz al-lein,
Ah, then I must, all a- lone,

mit dem se- li-gen Wor-te mein,
keep this sec-ret my ve- ry own,

un- ver-stan- den in der wei-ten
joy-ful ti-dings, not in all Cre-

Schö-pfung sein,
-a- -tion known,

un- ver-stan- den in der wei-ten
joy-ful ti-dings not in all Cre-

Schö-pfung sein.
-a- -tion known.

Bäch-lein, lass etc.
Brook-let, let etc.

No.12
Pause
Interlude

Mei-ne Lau- te hab' ich ge-hängt an die Wand,
I have hung my lute on the wall by the stair;

hab' sie um-schlun-gen mit ei-nem grü-nen Band,
green is the rib- bon round it to hold it there;

ich kann nicht mehr sin-gen, mein Herz ist zu voll,
my heart is in tur-moil, my mind is a blur,

weiss nicht, wie ich's in Rei-me zwin-gen soll.
my poor songs I can nev-er sing to her.

Mei-ner Sehn-sucht al-ler hei-sses-ten Schmerz
When my soul was torn by long-ing and pain,

durft' ich aus- hau-chen in Lie-der-scherz,
still I could sing in a light-er vein,

und wie ich klag- te so süss und fein,
strum-ming my love-songs, so soft and sweet,

glaubt' ich doch mein Lei-den wär' nicht klein.
I then thought my sor-row was com- plete.

Ei, wie gross ist wohl mei-nes Glü-ckes Last,
Now my joy is so migh-ty and so vast,

dass kein Klang auf Er-den es in sich fasst, .
no mere song of mor-tal could hold it fast, .

Schöne Müllerin, No.12 (cont)

Nun, lie-be Lau-te, rüh' an dem Na- gel hier!
So, dear com-pan-ion, rest in your bright green sling,

und weht ein Lüft- chen ü- ber die Sai-ten dir,
and if a breeze should stir you a-gain to sing,

und streift ei-ne Bie- ne mit ih- ren Flü-
or wings of a bee come and touch you ev-er

-geln dich,
so light,

da wird mir so ban- ge, und es durch-
I know I would trem-ble, shiv-'ring in

-schau-ert mich!
fear- ful fright!

Wa- rum liess ich das Band auch hän- gen so lang?
And why, why has the rib- bon been there so long?

Oft fliegt's um die Sai- ten mit seuf-zen-dem
to fly round your strings with a sigh for a

Klang.
song?

Ist es der Nach-klang mei-ner Lie- bes-pein?
Is it to tell you how I yearn and long?

Soll es das Vor-spiel neu-er Lie-der sein?
Is it the pre-lude to some wor-thy song?

Ist es der Nach-klang mei-ner Lie- bes-pein?
ec- ho to tell you how I yearn and long?

Soll es das Vor-spiel neu-er Lie-der sein?
Is it the pre-lude to some wor-thy song?

No.13
Mit dem grünen Lautenbande
With the Green Lute-ribbon

"Schad' um das schö-ne grü- ne Band,
" Why should this rib-bon, fresh & fair,

dass es ver-bleicht hier an der Wand,
be left to fade while hang-ing there?"

ich hab' das Grün so gern, !"
when I de-light in green, !"

So sprachst du, Lieb-chen, heut' zu mir,
When thus you spoke to- day I flew,

gleich knüpf' ich's ab und send' es dir:
to take it down and send to you,

nun hab' das Grü- ne gern, !
for you de-light in green, !

Ist auch dein gan-zer Lieb-ster weiss,
Flour makes your mil-ler-lov- -er white,

soll Grün doch ha- ben sei- nen Preis,
yet green is too his heart's de-light,

No.13 (cont)

und ich auch hab' es gern, .
I too de-light in green, .

Weil un-sre Lieb' ist im-mer-grün,
Be-cause our love is ev-er green,

weil grün der Hoff-nung Fer-nen blüh'n,
and dis-tant hope may bloom se- rene,

drum ha-ben wir es gern, .
we both de-light in green, .

Nun schlin-ge in die Lo-cken dein
Tie now the rib-bon in your hair,

das grü- ne Band ge- fäl-lig ein,
'twill make your curls look doub-ly fair,

du hast ja's Grün so gern, .
for you de-light in green, .

Dann weiss ich, wo die Hoff-nung
I know now well where hope is

wohnt,
found,

dann weiss ich, wo die Lie- be thront,
and know where our true love is crowned,

dann hab' ich's Grün erst gern, .
and so de- light in green, .

No.14
Der Jäger
The Hunter

Was sucht denn der Jä-ger am Mühl-bach hier?
And what do you seek by the millbrook here?

Bleib, tro-zi-ger Jä- ger, in dei- nem
O in- so-lent hun-ter, you'll find here

Re-vier!
no deer!

Hier giebt es kein Wild zu ja- gen für dich,
no stag or no roe-buck here you will see,

hier wohnt nur ein Reh- lein, ein zah-mes,
a lit- tle doe lives here, a tame one,

für mich.
for me.

Und willst du das zärt- li-che Reh- -lein seh'n,
And if you would see this de-mure lit-tle doe,,

so lass dei- ne Büch-sen im Wal- de steh'n,
then leave you your gun and your ar-row & bow ;

und lass dei-ne klaf-fen-den Hun- de zu Haus,
bring none of the dogs that I hear yapping so,

und lass auf dem Hor- ne den Saus und Braus,
leave al-so the horn with its bois-trous blow,

Schöne Müllerin, No.14 (cont)

und schee-re vom Kin- ne das strup- pi- ge Haar,
and shave off that shag-gy black beard from your chin,

sonst scheut sich im Gar- ten das Reh-lein für-wahr,
or she'll be a-fraid and stay hid-den with- -in,

Doch bes-ser, du blie-best im Wal- de da- zu,
but bet-ter, still bet-ter, you stay in the hills,

und liess-est die Müh-len und Mül- ler in Ruh'.
and leave all the mil-lers in peace with their mills.

Was tau- gen die Fisch-lein im grü-nen Ge-zweig?
For what would a lit- tle fish do in a tree?

was will denn das Eich-horn im bläu-li-chen Teich?
or how could a squir-rel find nuts in the sea?

Drum blei-be, du tro-tzi-ger Jä- ger, im Hain,
So, in- so-lent hun-ter, stay there in your wood,

und lass mich mit mei- nen drei Rä- dern al-lein;
and leave me a- lone with my three wheels for good;

und willst mei- nem Schätz-chen dich ma- chen
and if you would know what will please my

be-liebt,
dear doe,

so wis- se, mein Freund, was ihr Herz-chen be-trübt:
I'll tell you, my friend, what now sad- dens her so:

Die E- ber, die kom- men zu Nacht aus dem
The boars come at night roam-ing down from the

Hain
hill,

und bre-chen in ih- ren Kohl- gar- -ten ein,
and break in her cab-bage patch down by the mill,

und tre-ten und wüh-len her-um in dem Feld;
and wal-low a-round do- ing dam-age un-told;

die E- ber, die schie-sse, du Jä- ger-held.
so please come and shoot them, you hun- ter bold.

No.15
Eifersucht und Stolz
Jealousy and Pride

Wo- hin so schnell, so kraus und wild,
Why hur-ry you, so fast and wild,

mein lie-ber Bach?
my dear good brook?

eilst du voll Zorn dem fre-chen Bru- -der
in wrath a- -long the path the swag-g'ring

Jä- ger nach?
hun-ter took?

Kehr' um, kehr' um und schilt erst
Come back, come back, and scold your

No.15 (cont)

dei- ne Mül-le- rin
way-ward mil-ler-maid,

für ih- ren leich-ten, lo-sen, klei-
for all the gid- dy fic-kle-ness

-nen Flat- ter- sinn,
her heart dis-played,

kehr' um, kehr' um.
come back, come back!

Sahst du sie ge-stern A-bend nicht
Last ev'ning did you see her at

am Tho-re steh'n,
the gar-den gate,

mit lan-gem Hal- se nach der
so ea- ger watch-ing you would

gro-ssen Stra- sse seh'n?
think she could not wait,

Wenn von dem Fang der Jä- ger
to see her friend the hun-ter

lu-stig zieht nach Haus,
com-ing gai- -ly back?

da steckt kein sitt-sam Kind den
the bear- ing of a mo-dest

Kopf zum Fen-ster 'naus.
maid she seems to lack.

Geh', Bäch-lein, hin und sag' ihr das,
Come back to her and tell her that,

doch sag' ihr nicht,
of her dis-grace,

hörst du, kein Wort, von mei-nem
but not a word of my for-

trau-ri- gen Ge-sicht;
-lorn and gloom-y face;

sag' ihr: er schnitzt bei mir sich
but say: he cut a pipe from

ei- ne Pfeif' aus Rohr
reeds be- side the spring,

und bläst den Kin-dern schö- ne Tänz' und
and plays while all the neigh-bors' child-ren

Lie- der vor. sag' ihr, sag' ihr:
dance and sing. Say this to her:

er schnitzt (as above)
he cut (as above)

sag' ihr, sag' ihr: er bläst (as above)
and say to her: he plays (as above)

(end) sag' ihr's, sag' ihr's!
say that, say that!

Schöne Müllerin
No.16
Die liebe Farbe
The Beloved Color

In Grün will ich mich klei-den,
Of green I'll make my pil- low,

in grü- ne Thrä-nen-wei-den:
be-neath a weep-ing wil-low:

mein Schatz hat's Grün so gern, .
my dear likes green so well, .

Will su-chen ei-nen Cy-pres-sen- hain,
I'll find a sor-row-ing cy-press tree,

ei-ne Hai-de von grü- nen Ros- ma-rein:
in a mea-dow of dark green rose-ma- ry:

mein Schatz hat's Grün so gern, .
my dear likes green so well, .

Wohl-auf zum fröh-li-chen Ja- gen!
Now off for gay mer-ry hunt-ing!

wohl-auf durch Haid und Ha- gen!
all clad in cloth of bunt-ing!

mein Schatz hat's Ja- gen so gern, .
my dear likes hunt-ing so well, .

Das Wild, das ich ja- ge, das ist der Tod,
The game that I hunt on-ly death can gain,

die Hai- de, die heiss' ich die Lie-bes-noth:
the field I will call love's — bit-ter pain:

mein Schatz hat's Ja- gen so gern, .
my dear likes hunt-ing so well, .

Grabt mir ein Grab im Wa- sen,
O bu- ry me in a mea- dow,

deckt mich mit grü-nen Ra- sen:
where green grass casts no sha-dow:

mein Schatz hat's Grün so gern, .
my dear likes green so well, .

Kein Kreuz-lein schwarz, kein Blüm-lein bunt,
No cross of black, no flow-ers fair,

grün, al-les grün so rings und rund:
but green a-round me ev'-ry-where:

mein Schatz hat's Grün so gern, .
my dear likes green so well, .

No.17
Die böse Farbe
The Evil Color

Ich möch-te ziehn in die Welt hin-aus,
I'd like to jour- ney the world a-round,

hin-aus in die wei- -te Welt;
to tra-vel the wide world thru;

No.17 (cont)

wenn's nur so grün, so grün nicht wär'
were all not green, so ve- - ry green,

da drau-ssen in Wald und Feld!
in pine and in birch and yew!

Ich möch-te die grü- nen Blät-ter all'
I wish I could pluck all leaves of green,

pflü- cken von je-dem Zweig,
pluck them from ev'ry branch,

ich möch-te die grü- nen Grä- ser all'
to weep on the grass 'til pale as death,

wei-nen ganz tod- -ten- bleich, .
all of its green would blanch, .

Ach Grün, du bö-se Far-be du,
O green, you ev-il col-or you,

was siehst mich im-mer an?
from what your cru-el spite?

so stolz, so keck, so scha-den-froh,
so proud, so bold, you look at me,

mich ar- men, ar-men wei-ssen Mann?
be-cause my mil-ler's coat is white?

Ich möch-te lie-gen vor ih- rer Thür,
I'd like to lie down be-fore her door,

im Sturm und Re- gen und Schnee,
in storm, in rain and in snow,

und sin-gen ganz lei-se bei Tag und Nacht,
and soft-ly to sing to her all the night,

das ei- ne Wört-chen A- de, !
"Fare-well" be-fore I must go, !

Horch, wenn im Wald ein Jagd-horn schallt,
And when a hunt-ing horn is heard,

da klingt ihr Fen-ster-lein;
her win- -dow op- ens wide,

und schaut sie auch nach mir nicht aus,
and she looks out, tho not at me,

darf ich doch schau-en hin-ein.
yet I can still see in-side.

O bin-de von der Stirn dir ab,
O throw a-way the ha- -ted green,

das grü-ne, grü- ne Band, ;
my rib-bon that you wore, ;

a- de, a- de! und rei-che mir,
good-bye, good-bye, my mil-ler-maid,

zum Ab-schied dei-ne Hand, !
good-bye for ev- er-more, !

Schöne Müllerin
No. 18
Trockne Blumen
Withered Flowers

Ihr Blüm-lein al- le, die sie mir gab,
You lit- tle flow-ers,that once she gave,

euch soll man le- gen mit mir in's Grab.
must all be plant-ed up- on my grave.

Wie seht ihr al- le mich an so weh,
O do not look at me sad-ly so,

als ob ihr wüss-tet,wie mir ge-scheh'?
as if you all un- der stand my woe.

Ihr Blüm- lein al- le, wie welk,wie blass?
You flow'rs so with-ered,so dry, so frail,

ihr Blüm-lein al- le wo-von so nass?
what is it makes you so wet and pale?

Ach,Thrä-nen ma- chen nicht mai--en-grün,
Ah,tears can not bring the green of May,

ma-chen tod- te Lie- be nicht wie-der blüh'n,
— or make dead love green a- gain and gay;

und Lenz wird kom- men,und Win-ter wird geh'n,
and spring will come and the win-ter will pass,

und Blüm- lein wer-den im Gra- se steh'n,
and flow'rs will bloom in the fresh green grass,

und Blüm- lein lie-gen in mei-nem Grab;
and flow'rs be plant-ed up-on my grave,

die Blüm-lein al- le, die sie mir gab.
the lit- tle flow-ers that once she gave.

Und wenn sie wan-delt am Hü- gel vor-bei,
And when my dear one comes wan- der- ing by,

und denkt im Her-zen: der meint' es treu!
and thinks of me, and how true was I,

dann,Blüm- lein al- le, her- aus, her- aus!
you flow'rs come out then,come out, come out!

der Mai ist kom-men,der Win- ter ist aus,
the cold is ov- er, and spring all a-bout!

und wenn sie wan-delt am Hü-gel vor-bei,
ah when my dear one comes wander-ing by,

und denkt im Her-zen: der meint'es treu!
and thinks of me and how true was I,

dann Blüm- lein al- le, her- aus, her- aus!
you flow'rs,come out then,come out, come out!

der Mai ist kom-men,der Win- ter ist aus,
the cold is ov- er, and spring all a-bout!

dann Blüm- lein al-le, her-aus, her-aus,
the sun's in the clo-ver,the bees all hum,

der Mai ist kom-men,der Win-ter ist aus!
the cold is ov- er, the sum-mer has come!

No. 19
Der Müller und der Bach
The Miller and the Brook

Wo ein treu-es Her- ze in Lie- be ver-geht,
When a heart is faith-ful and dies ev-er true,

da wel-ken die Li-lien auf je-dem Beet;
the li-lies all wi-ther,the ro-ses too;

da muss in die Wol-ken der Voll-mond geh'n,
the moon high in Hea-ven no more ap- pears,

da- mit sei-ne Thrä- nen die Men-schen nicht
but hides in the cloudbanks that none see its

seh'n;
tears;

da hal-ten die Eng-lein die Au-gen sich
the an-gels are si- lent,their carol-ings

zu,
cease,

und schluch-zen und sin-gen
they sob in their sor-row:

die See- le zur Ruh'.
"Now rest ye in peace."

(Der Bach; the Brook):
Und wenn sich die Lie- be dem
When love is tri-um- phant in

Schmerz ent-ringt,
grief and pain,

ein Stern-lein,ein neu-es,am Him-mel
a new star a- ris-es in Hea-ven

er-blinkt;
a- gain;

da sprin-gen drei Ro-sen,
there spring up three ro-ses,

halb roth und halb weiss,
half red and half white,

die wel- ken nicht wie-der,
that blos-som un-with-ered,

aus Dor-nen-reis;
all day and night;

und die En- ge- lein schnei-den
and the An-gels will cut off

die Flü- gel sich ab
their wings and will walk

und geh'n al-le Mor- gen
on earth ev'ry mor- ning

zur Er-de her- ab, .
to vis-it and talk, .

(The Miller):
Ach Bäch-lein,lie-bes Bäch-lein
Ah brook, my dear com-pan- ion,

Schöne Müllerin, No.19 (cont)

du meinst es so gut;
you mean all so well!

ach Bäch-lein, a-ber weisst du,
but how — I have suf- fered,

wie Lie-be thut?
ah who can tell?

Ach un-ten, da un- -ten
to rest there be-neath you

die küh- le Ruh'!
I would be gone!

ach Bäch-lein, lie-bes Bäch-lein,
ah brook, my gen-tle com- rade,

so sin- ge mir zu, .
I pray you sing on, .

No.20
Des Baches Wiegenlied
The Brook's Lullaby

Gu-te Ruh', gu-te Ruh'!
Rest well, rest well,

thu die Au- gen zu!
— in peace to dwell!

Wand-rer, du mü- der, du bist zu Haus.
You wea- ry wan-drer, at home with me.

Die Treu' ist hier, sollst lie-gen bei mir,
Your friend am I, lie here with — me,

bis das Meer will trin- ken die Bäch-
'til the brooks are swal-lowed and lost

-lein aus, .
in the sea, .

Will bet-ten dich kühl
Your bed will be cool,

auf wei-chen Pfühl,
in a crys-tal pool,

in dem blau-en kri-stal-le-nen
a lit-tle blue chamber, se-rene and

Käm-mer-lein.
deep. — —

Her- an, her- an, was wie- gen kann,
Ye waves, draw near, to rock him here,

wo- get und wie- get den Kna- ben mir ein.
rest him and soothe him and rock him to sleep.

Wenn ein Jagd-horn schallt
If a bay- ing hound

aus dem grü- nen Wald,
or a horn should sound,

No.20 (cont)

will ich sau-sen und brau-sen wohl um
I will rus-tle and bus- tle a- round

dich her.
you there.

Blickt nicht her-ein, blau- e Blü- me- lein,
Peep not in-side, ye blue flowrs, but hide,

ihr macht mei-nem Schlä-fer die Träu-me so schwer.
bad dreams to my sleep-er I pray you to spare.

Hin-weg, hin-weg von dem Müh-len-steg,
O stay a- way from the bridge, I pray,

hin-weg, hin- weg, bö- ses Mäg- de- lein,
a- way, false maid, from the bridge, I say,

dass ihn dein Schat-ten, dein Schat-ten nicht weckt.
so that your sha- dow may not wake his sighs.

Wirf mir her- ein dein Tüch-lein fein,
Throw in the stream your rib- bon of green,

dass ich die Au-gen ihm hal-te be-deckt.
that I may have it to cov-er his eyes.

Gu-te Nacht, gu-te Nacht,
'Til morn- ing break,

bis Al-les wacht, !
when all a- wake,

schlaf' aus dei- ne Freu-de,
sleep on thru your sor-row,

schlaf' aus dein Leid.
for- -get your pride.

Der Voll-mond steigt,
The full moon peers

der Ne- bel weicht,
thru the mist at last,

und der Him-mel da o- ben
and the Hea-ven a-bove us,

wie ist er so weit,
how wide & how vast,

und der Him-mel da o- ben
and the Hea-ven a-bove us,

wie ist er so weit!
how wide, how vast!

WINTERREISE
WINTER JOURNEY
Op. 89
Wilhelm Müller

No. 1
Gute Nacht
Fare-well

Fremd bin ich ein-ge- zo- gen,
A stran-ger when I came here,

fremd zieh' ich wie-der aus.
a stran-ger go a- way.

Der Mai war mir ge- wo- gen,
In May I pros-pered gai- ly,

mit man-chem Blu- men-strauss.
with ma-ny a flow'r of May.

Das Mäd-chen sprach von Lie- be,
The mai-den bade me love her,

die Mut-ter gar von Eh',
the mo-ther bade us wed,

nun ist die Welt so trü- be,
but now the path is gloom-y,

der Weg ge-hüllt in Schnee,
with ice and snow a- head,

nun ist die Welt so trü- be,
the world is sad and gloom-y,

der Weg ge-hüllt in Schnee.
with naught but snow a- head.

Ich kann zu mei-ner Rei- sen
I can not plan my jour-ney,

nicht wäh-len mit der Zeit,
nor can I choose the day,

muss selbst den Weg mir wei- sen
at night I find the path-way

in die-ser Dun-kel-heit.
my-self as best I may.

Es zieht ein Mon-den-schat-ten
My sha- dow in the moon-light,

als mein Ge- fähr-te mit,
the on- ly friend I claim,

und auf den wei- ssen Mat-ten
a-cross the snow-white mea-dow,

such' ich des Wil-des Tritt, .
I look for signs of game.

Was soll ich län-ger wei-len,
Why should I lon-ger tar-ry

No. 1 (cont)

dass man mich trieb hin-aus?
'til I be told to roam?

lass ir- re Hun-de heu- len
let stray dogs lin-ger howl-ing

vor ih- res Her-ren Haus!
a-round their mas-ter's home!

Die Lie-be liebt das Wan-dern
The lov-er loves to wan-der,

Gott hat sie so ge-macht.
for- ev- er on the go;

von E i-nem zu dem An-dern
from one to yet an-oth-er,

Gott hat sie so ge-macht.
the Lord has made it so.

Die Lie-be liebt das Wan-dern
The lov-er loves to wan-der,

fein Lieb-chen, gu- te Nacht,
and so my dear, good- -bye,

von Ei-nem zu dem An-dern
from one to yet an-oth-er,

fein Lieb-chen, gu- te Nacht.
you best can tell me why.

Will dich im Traum nicht stö-ren,
That I may not dis-turb you,

wär' Schad' um dei- ne Ruh',
I'll creep a-cross the floor,

sollst mei-nen Tritt nicht hö- ren
nor in- ter-rupt your dream- ing,

sacht, sacht die Thü- re zu!
but soft- ly close the door.

Schreib' im vor-ü- ber-ge- hen
I'll write a lit-tle mes-sage,

an's Thor dir: gu-te Nacht,
and pin it to the door,

da-mit du mö-gest se- hen,
to say good-bye and tell you

an dich hab' ich ge-dacht, .
what oft I said be-fore, .

No. 2
Die Wetterfahne
The Weather-Vane

Der Wind spielt mit der Wet-ter- fah- ne
The wea- -ther-vane goes id-ly whirl-ing,

auf mei-nes schö-nen Lieb-chens Haus.
a-bove the house I left to- -day.

Winterreise, No.2 (cont)

Da dacht' ich schon in mei-nem Wah- ne
When first I heard it I im- a-gined

sie pfiff' den ar- men Flücht-ling aus,
that she was whist-ling me a- way.

Er hätt' es e- her be- mer- ken sol-len,
If I had soon-er ob-served this por-tent,

des Hau-ses auf- ge-steck-tes Schild,
up on her roof so plain to view,

so hätt' er nim-mer su-chen wol- len
I'd not have thought to find be-neath it,

im Haus ein treu-es Frau-en- bild.
a maid-en stea-dy, firm and true.

Der Wind spielt drin-nen mit den
The wind plays round in lov-ing

Her- zen
hearts but not

wie auf dem Dach, nur nicht so laut,
near-ly so loud as there out-side.

Was fra- gen sie nach mei-nen Schmer-zen?
What care these peo-ple how I suf- -fer?

ihr Kind ist ei-ne rei- che Braut, .
their child will be a rich man's bride, .

No.3
Gefrorne Thränen
Frozen Tears

Ge-fror'-ne Trop- fen fal-len
My froz- en tears are fal-ling

von mei-nen Wan-gen ab:
in drops of ice and snow;

ob es mir denn ent-gan-gen,
and did you nev- er not-ice,

dass ich ge-wei- net hab'?
that I was weep-ing so?

Ei Thrä- nen, mei-ne Thrä- nen,
Ah tear-drops, my own tear-drops,

und seid ihr gar so lau,
are you so te-pid too,

dass ihr er- starrt zu Ei- se,
that you will freeze as quick- ly

wie küh-ler Mor-gen-thau?
as gen-tle mor-ning-dew?

Und dringt doch aus der Quel-le
And yet from out my bos- om

der Brust so glü-hend heiss,
you rush so hot and glow,

No.3 (cont)

als woll-tet ihr zer-schmel-zen
as if to melt com-plete- ly .

des gan-zen Win-ters Eis, .
the whole of win-ter's snow, .

No.4
Erstarrung
Torpid

Ich such' im Schnee ver- ge- bens
In vain I search the snow-drifts

nach ih-rer Trit-te Spur,
for tra-ces of her feet,

wo sie an mei- nem Ar- me
where we had strolled to-geth- er

durch-strich die grü-ne Flur, .
thru fields so sun-ny-sweet .

Ich will den Bo- den küs- sen,
I want to kiss her foot-prints,

durch-drin-gen Eis und Schnee
to melt the ice and snow,

mit mei-nen hei-ssen Thrä-nen,
with tears of an-guish melt it

bis ich die Er-de, die Er- -de seh', .
and so un-cov-er the earth be-low, .

Wo find ich ei-ne Blü- the,
Where are there a-ny blos-soms,

wo find ich grü- nes Gras?
where a- -ny fresh green grass?

Die Blu- men sind er- stor-ben,
The flow-ers all are with-ered,

der Ra-sen sieht so blass.
the lawn so pale, a- las!

Soll denn kein An-ge-den- ken
May I take no re-mem-brance

ich neh-men mit von hier?
old me- mo-ries to stir?

Wenn mei-ne Schmer-zen schwei-gen,
for when my pain is si- lent

wer sagt mir dann von ihr?
who then will speak of her?

Mein Herz ist wie er- stor-ben,
Her im- age star-ing cold-ly

kalt starrt ihr Bild da-rin:
has not a word to say,

schmilzt je das Herz mir wie-der
and when my heart flows ov-er

fliesst auch ihr Bild, ihr Bild da-hin.
it too, it too will float a-way.

Winterreise
No. 5
Der Lindenbaum
The Linden Tree

Am Brun-nen vor dem Tho- re
Be-yond the gate and foun-tain

da steht ein Lin-den-baum;
a lin- den tow-ers high;

ich träumt' in sei- nem Schat-ten
in dreams be-neath its sha- dow

so man- chen sü- ssen Traum.
the hours went sweet-ly by.

Ich schnitt in sei-ne Rin- de
Ah ma- -ny a ten-der mes-sage

so man-ches lie-be Wort;
was gra-ven in its bark,

es zog in Freud' und Lei- de
its pre-sence gave me com-fort

zu ihm mich im- mer fort.
when days were sad and dark.

Ich musst' auch heu- te wan-dern
And now I pass be-neath it,

vor-bei in tie- fer Nacht,
a-lone in deep-est night,

da hab' ich noch im Dun- kel
and in the ut-ter dark-ness,

die Au-gen zu- -ge-macht.
I shut my two eyes tight.

Und sei- ne Zwei- ge rausch-ten,
and then its bran-ches rust- le ,

als rie-fen sie mir zu:
as if to call to me:

komm' her zu mir, Ge- sel-le,
"Come here, my good com- pan-ion,

hier find'st du dei- ne Ruh'.
for here at peace are we."

Die kal-ten Win- de blie-sen,
The i- cy wind of win- ter

mir grad' in's An-ge-sicht,
was blow- ing in my face,

der Hut flog mir vom Ko- -pfe,
my hat flew off and van-ished,

ich wen-de- te mich nicht.
I did not slack my pace.

Nun bin ich man-che Stun-de
The tree is far be- hind me,

ent-fernt von je- nem Ort,
but as the miles in- crease,

No. 5 (cont)

und im- mer hör' ich rau-schen:
I still can hear it rust-ling:

du fän-dest Ru- he dort!
"Come here and find your peace."

No. 6
Wasserfluth
Flood of Tears

Man-che Thrän' aus mei- nen Au- gen
Ma-ny a tear has come and fal-len,

ist ge-fal- len in den Schnee;
from my eyes up- on the snow;

sei-ne kal- ten Flo- cken sau- gen
cold and thir-sty flakes have drunk them,

dur-stig ein das hei- sse Weh. .
suck-ing in my scald-ing woe, .

Wenn die Grä- ser spros-sen wol- len,
When the grass would sprout in springtime,

weht da her ein lau- er Wind,
soft and gen-tle breez-es blow,

und das Eis zer-springt in Schol-len
ice and snow dis- solve and van- ish,

und der wei-che Schnee zer-rinnt, .
all the riv-ers melt and flow, .

Schnee, du weisst von mei- nem Seh- nen,
Snow, you know my cease-less long-ing,

sag', wo-hin doch geht dein Lauf?
tell me whi-ther will you go?

Fol-ge nach nur mei- nen Thrä-nen,
Let my tears as guides di-rect you,

nimmt dich bald das Bäch-lein auf, .
soon you'll find the brook we know, .

Wirst mit ihm die Stadt durch-zie-hen,
With it you will reach the ci- ty,

mun- tre Stra- ssen ein und aus;
thru its streets will gai-ly roam;

fühlst du mei- ne Thrä-nen glü-hen,
where my tears shall flow the hot-test,

da ist mei-ner Lieb-sten Haus, .
there will be my dear one's home, .

No. 7
Auf dem Flusse
On the River

Der du so lu-stig rausch-test
You who were roar-ing gai- - ly

Winterreise, No.7 (cont)

du hel-ler, wil- der Fluss,
so noi-sy, wild and high,

wie still bist du ge- wor- den,
how still you are, how cheer-less,

giebst kei-nen Schei- de- gruss.
and bid me no good- bye.

Mit har-ter, star-rer Rin-de
A hard and stub-born cov-er

hast du dich ü- ber-deckt,
is spread from shore to shore,

liegst kalt und un- be-weg-lich
that holds you cold and ri-gid

im San- de aus-ge-streckt.
a-long your san-dy floor.

In dei-ne De-cke grab' ich
I'll take a stone and chis- el

mit ei-nem spi-tzen Stein
up- on your i- -cy face,

den Na- men mei-ner Lieb-sten
the day and hour I met her,

und Stund' und Tag hin- ein:
the day and hour and place;

den Tag des er-sten Gru-sses,
the day when I was ban-ished,

den Tag, an dem ich ging;
and left my hope be-hind;

u m Nam' und Zah-len win- det
and round the two i- ni- tials

sich ein zer-broch'-ner Ring.
a bro-ken ring I'll wind.

Mein Herz, in die-sem Ba- che,
My heart, does this re-mind you

er-kennst du nun dein Bild?
of what you well must know?

Ob's un- ter sei- ner Rin- de,
How down be- neath your sur-face

wohl auch so rei-ssend schwillt, ?
un- -ru- ly tor-rents flow, ?

ob's wohl auch so rei-ssend schwillt?
such un- -ru- ly tor-rents flow?

No.8
Rückblick
Glance Back

Es brennt mir un- ter bei-den Soh- len,
The soles be-neath my feet are burn-ing,

tret' ich auch schon auf Eis und Schnee,
al- tho I tread on ice and snow;

No.8 (cont)

ich möcht' nicht wie-der A- them ho- len,
while I can see the town and steep- les,

bis ich nicht mehr die Thür-me seh',
I can- not stop but on must go.

hab' mich an je- den Stein ge-sto- ssen,
I stum-bled ruth-less ov - er boul-ders,

so eilt' ich zu der Stadt hin-aus;
so fast I hur-ried from the town;

die Krä- hen war- fen Bäll' und Schlo-ssen
the crows threw dirt and rub-bish on me,

auf mei-nem Hut von je- dem Haus, .
from ev'ry house they rained it down, .

Wie an- ders hast du mich em-pfan- gen,
How dif-f'rent was your ci-ty's wel- come

du Stadt der Un- be- stän-dig-keit!
Ah how un- sta-ble are its ways!

An dei-nen blan- ken Fen-stern san-gen
when un-der-neath each shi-ning win-dow

die Lerch' und Nach- ti- gall im Streit.
the hap- -py larks sang roun-de- lays.

Die run-den Lin- den- bäu-me blüh-ten,
The lin-den-trees were all in blos-som,

die kla- ren Rin-nen rau-schten hell,
the brook-let rip-pled round the bend,

und ach, zwei Mäd-chen-au-gen glüh-ten!
and ah, two mai-den-eyes en-tran-cing!

da war's ge-scheh'n um dich, Ge- sell!
and you were done-for then, my friend!

Kömmt mir der Tag in die Ge- dan-ken,
And when this day comes back to haunt me,

möcht' ich noch ein-mal rück-warts seh'n
I try to curb my heart in vain,

möcht' ich zu-rü-cke wie-der wan-ken,
but long to hur-ry back to see her,

vor ih- ren Hau- se stil-le steh'n,
to see her there but once a- -gain,
with her to be but once a- -gain,
to see her there but once a- -gain.

No.9
Irrlicht
Will-o'-the Wisp

In die tief-sten Fel-sen-grün- de
In-to deep and rock-y cav-erns

lock-te mich ein Irr-licht hin;
it en-ticed me with its glow;

Winterreise, No.9 (cont)

Wie ich ei-nen Aus-gang fin-de,
How I'll ev-er find the out-let

liegt nicht schwer mir in dem Sinn, .
I do not now care or know, .

Bin ge-wohnt das Ir- -re- ge-hen,
I have gone the wrong way oft-en,

's führt ja je- der Weg zum Ziel:
ev'- ry trav-ler finds his way;

un- sre Freu-den, un- sre We-hen,
all our joys and all our sor-rows,

Al- les ei- nes Irr-licht's Spiel, .
all are but this phan-tom's play, .

Durch des Berg-strom's trock-ne Rin-nen,
Thru the dried- up, rock- y brook-bed,

wind ich ru-hig mich hin- ab
down I wan-der, calm and brave;

je-der Strom wird's Meer ge-win-nen,
ev-ry stream must reach the o-cean,

je-des Lei-den auch sein Grab, .
ev-ry sor-row finds its grave, .

No. 10
Rast
Rest

Nun merk' ich erst, wie müd' ich bin,
'Tis on- ly when I stop to rest,

da ich zur Ruh' mich le- ge;
I find that I am wea-ry.

das Wan-dern hielt mich mun-ter hin
my walk-ing gives me wel-come zest,

auf un-wirth-ba-rem We- ge.
al-tho the way is drea-ry.

Die Fü- sse fru- gen nicht nach Rast,
My feet are much too numb to stop,

es war zu kalt zum Ste- hen;
it still is cold and snow-ing;

der Rü-cken fühl-te kei- ne Last,
my pack I've no de-sire to drop,

der Sturm half fort mich we-hen, .
a fair wind keeps us go-ing, .

In ei- nes Köh-lers en- gem Haus
A char-coal burn-er's nar-row home

hab' Ob-dach ich ge-fun-den;
now of-fers me a shel-ter;

doch mei-ne Glie-der ruhn nicht aus;
yet on and on-ward I would roam,

No. 10 (cont)

so bren-nen ih-re Wun-den.
my soul is in a wel-ter.

Auch du, mein Herz, in Kampf und Sturm,
And you, my heart, so brave and bold,

so wild und so ver- we- gen,
when strife and strug- gle wring you,

fühlst in der Still' erst dei- nen Wurm
can on-ly feel, when still and cold,

mit hei-ssem Stich sich re- gen.
the ser-pent's hot tongue sting you.

No. 11
Frühlingstraum
Spring Dream

Ich träum-te von bun- ten Blu- men,
I dreamt of the trees and flow-ers,

so wie sie wohl blü-hen im Mai;
that blos-som and bloom in the spring;

ich träum-te von grü- nen Wie-sen,
I dreamt of the bright green mea-dow,

von lu- sti-gem Vo- gel- ge-schrei,
and thrush-es and ro-bins that sing,

von lu- sti-gem Vo- gel ge-schrei.
of thrush-es and ro-bins that sing.

Und als die Häh- ne kräh-ten,
And as the cocks are crow-ing,

da ward mein Au- -ge wach;
I rise and look with-out;

da war es kalt und fin-ster,
the day is cold and drea-ry,

es schrie-en die Ra- ben vom Dach, .
the ra- vens are scream-ing a- bout, .

Doch an den Fen-ster-schei-ben,
And who has paint-ed flow- ers

wer mal-te die Blät-ter da?
up- on the win- dow-pane?

Ihr lacht wohl ü- ber den Träu-mer,
If one saw flow'rs in the win- ter,

der Blu-men im Win-ter sah?
would he be en-tire-ly sane?

Ich träum-te von Lieb' um Lie-be,
I dreamt a-bout love and lov-ers,

von ei- ner schö-nen Maid,
I dreamt of a love-ly maid,

von Her- zen und von Küs-sen,
of hands and hearts and kiss-es,

Winterreise, No.11 (cont)

von Won- ne und Se-lig- keit, .
the rap-ture for which I prayed, .

Und als die Häh- ne krähten,
And with the roos-ters' crow-ing,

da ward mein Her-ze wach,
and with the ra-vens' scream,

nun sitz' ich hier al-lei-ne
my heart a- woke to pon-der,

und den-ke dem Trau-me nach,
to pon-der a- bout my dream;

nun sitz' ich hier al-lei- ne,
I sat a- lone and si-lent,

und den- ke dem Trau-me nach,
and sought to ex-plain my dream,

Die Au- gen schliess ich wie- der,
I close my eyes and day-dream,

noch schlägt das Herz so warm,
my heart is beat-ing fast,

Wann grünt ihr Blät-ter am Fen-ster?
When will you flow-ers be bloom-ing?

wann halt' ich mein Lieb-chen im Arm, ?
Will I have my dear-est at last,?

No.12
Einsamkeit
Solitude

Wie ei- ne trü- -be Wol-ke
Like thun-der-clouds that wan-der

durch hei-t're Lüf-te geht,
in sun- ny sum-mer sky,

wenn in der Tan- nen Wip- fel
when breez-es stir the fir-trees,

ein mat- tes Lüft-chen weht:
and know not where or why;

so zieh' ich mei-ne Stra-sse
I move a-long my path-way,

da-hin mit trä- gem Fuss,
on la- zy lag-ging feet,

durch hel- les, fro-hes Le- ben
with laugh-ter all a- round me,

ein-sam und oh- ne Gruss.
but none I know to greet.

Ach, dass die Luft so ru- hig!
Ah, why is all so tran-quil?

ach, dass die Welt so licht!
ah, why the world so glad?

No.12 (cont)

Als noch die Stür- me tob-ten,
While yet the storm was ra-ging

war ich so e- lend, so e-lend nicht.
I was not trou-bled, not ve-ry sad.

No.13
Die Post
The Mail Coach

Von der Stra-sse her ein Post-horn klingt.
From the street be-low a post horn sounds;

was hat es, dass es so hoch auf-springt,
what can this be that so jumps and bounds,

mein Herz, ?
my heart, ?

Die Post bringt kei-nen Brief für dich.
The post brings you no note to- day;

Was drängst du denn so wun- der- lich,
so why now act in this strange way,

mein Herz, ?
my heart, ?

Nun ja, die Post kommt aus der Stadt,
You see, the post is from a shrine,

wo ich ein lie- bes Lieb-chen hatt',
where dwells a maid who once was mine,

mein Herz, .
my heart, .

Willst wohl ein-mal hin- ü- ber-seh'n,
You'd like per-haps to ask her how,

und fra-gen, wie es dort mag geh'n,
and ask her how she's far- ing now,

willst wohl ein-mal hin- u- ber-seh'n,
you'd like per-haps to ask her how

und fra- gen, wie es dort mag geh'n,
her likes and loves are far- ing now?

mein Herz, ?
my heart, ?

No.14
Der greise Kopf
The Gray Head

Der Reif hat ei- nen wei- ssen Schein
The frost had strewn my hair with white;

mir ü-ber's Haar ge-streu-et;
with hap-py heart I shout-ed:

da glaubt' ich schon ein Greis zu sein
"I've come to old age ov- -er night,

Winterreise, No.14 (cont)

und hab' mich sehr ge-freu-et.
and glad am I a- bout it!"

Doch bald ist er hin-weg-ge-thaut,
A- las, it mel-ted soon a- way,

hab' wie-der schwar-ze Haa- re,
and thus my life ex-tend-ed,

dass mir's vor mei-ner Ju-gend graut,
my hair is not yet ev- en gray;

wie weit noch bis zur Bah-re, !
how long 'til all is end-ed, !

Vom A- bend-roth zum Mor-gen-licht
That hair gets gray just ov-er- night,

ward man-cher Kopf zum Grei- se.
is ev'- ry- one's as-sert-ion;

Wer glaubt's? und mei- ner ward es nicht
Who knows why mine did not turn white

auf die-ser gan-zen Rei- se, !
on all this sad ex- curs-ion, !

No.15
Die Krähe
The Raven

Ei-ne Krä- he war mit mir
As I left a ra- ven flew

aus der Stadt ge- zo-gen,
keep-ing close be-side me,

ist bis heu- te für und fur
ev'-ry mile more friend-ly grew,

um mein Haupt ge- flo-gen.
ev- er ea- ger eyed me.

Krä-he, wun- der- li- ches Thier,
Ra-ven, won-drous crea-ture you,

willst mich nicht ver-las-sen?
can this be your du - ty?

Meinst wohl bald als Beu- te hier
Must you ev- er thus pur-sue?

mei-nen Leib zu fas-sen?
will I be your boo-ty?

Nun,es wird nicht weit mehr geh'n
I am weak and short of breath,

an dem Wan-der- sta- be.
night is soon de-scen-ding;

Krä- he, lass mich end-lich seh'n,
You are faith-ful un- -to death.

Treu- e bis zum Gra- be,
true as life is end-ing;

No.15 (cont)

Krä-he, lass mich end-lich seh'n
Ra-ven,faith-ful un- -to death!

Treu- e bis zum Gra- be.
pa- tient wait the end-ing.

No.16
Letzte Hoffnung
Last Hope

Hie und da ist an den Bäu- men
Here and there up-on the bran-ches

man- ches bun- te Blatt zu seh'n,
still some col-ored leaves re-main;

und ich blei-be vor den Bäu- men
oft-en times I stand and watch them,

oft-mals in Ge- dan- ken steh'n.
mus-ing there in thought-ful vein.

Schau-e nach dem ei-nen Blat-te,
Then I choose a leaf & watch it,

hän- ge mei- ne Hoff-nung dran;
hang my hope on it a- lone;

spielt der Wind mit mei-nem Blat-te,
when the breez-es make it qui-ver,

zittr' ich, was ich zitt-ern kann.
I too shake and fair-ly groan.

Ach,und fällt das Blatt zu Bo- den,
If it breaks and flut-ters downward,

fällt mit ihm dei Hoff-nung ab,
with it falls the hope it gave;

fall' ich sel-ber mit zu Bo-den,
I too fall to earth be-side it,

wein',wein' auf mei-ner Hoff-nung Grab, .
weep, weep on my fond fan- cy's grave, .

No.17
Im Dorfe
In the Village

Es bel- len die Hun- de, es ras- seln die
The dogs all are bark-ing,the chains all are

Ket-ten,
rat-tling,

es schla-fen die Men-schen in ih- ren Bet- ten,
some peo- ple are sleep-ing and oth-ers bat-tling,

träu-men sich Man-ches,was sie nicht ha- ben,
dream-ing of good things no-bo- -dy gave them,

thun sich im Gu- ten und Ar-gen er- la- ben;
trou-bles and heart-aches that no one will save them;

Winterreise, No. 17 (cont)

und mor-gen früh ist Al- les zer-flos-sen,
all will be gone by this time to-mor- row,

Je nun, je nun sie ha- ben ihr Theil
But yet they had their por-tion of joy

ge-nos-sen, und hof-fen
and sor-row, ex-pect-ing,

und hof-fen was sie noch ü-brig lie-ssen,
and hop-ing that what they have for-got-ten,

doch wie-der zu fin-den auf ih-ren
they'll find on their pil-lows tied up in

Kis-sen.
cot-ton.

Bellt mich nur fort, ihr wa- chen Hun-de,
Drive me a- way, ye dogs that bel-low,

lasst mich nicht ruhn in der Schlum-mer
dont let me sleep like a la- -zy

Stun-de.
fel-low.

Ich bin zu En- de mit al- len Träu- men,
I now am fin-ished with all this dream-ing;

was will ich un- ter den Schlä-fern säu-men?
so out I go where the skies are gleaming!

No. 18
Der stürmische Morgen
The Stormy Morning

Wie hat der Sturm ge- ris-sen
See how the storm has man-gled

des Him-mels grau- es Kleid!
the Hea-ven's dark gray coat!

die Wol- ken- fe- tzen flat-tern
in tat-tered ser-ried frag-ments

um-her in mat- tem Streit,
the help-less cloud-rags float,

Und ro- the Feu-er flam-men,
And flames in ro- sy flash-es,

zien'n zwi-schen ih-ren hin;
tear all the sky a- part;

dass nenn' ich ei-nen Mor-gen
ah now I see a morn-ing

so recht nach mei-nem Sinn!
that suits my fie-ry heart!

Mein Herz sieht an dem Him- mel
My heart has here been paint-ed,

ge-malt sein eig'-nes Bild,
in col- ors true and bold:

No. 18 (cont)

es ist nichts als der Win-ter
'tis no-thing but the win-ter,

der Win-ter kalt und wild!
the win-ter, wild and cold!

No. 19
Täuschung
Deception

Ein Licht tanzt freund-lich vor mir her,
Be- fore me goes a friend-ly flare,

ich folg' ihm nach die Kreuz und Quer;
I fol- -low glad-ly here and there,

ich folg' ihm gern, und seh's ihm an,
I know its dan-cing light is meant

dass es ver-lockt den Wan-ders-mann.
to lure the wan-drer, tired and spent.

Ach! wer wie ich so e-lend ist
Ah! one as tired and sad as I

giebt gern sich hin der bun- ten List,
is glad to act this plea-sant lie,

die hin-ter Eis und Nacht und Graus
that af-ter ice and night and fear,

ihm weist ein hel-les war- mes Haus
can show a home with warmth and cheer,

und ei- ne lie-be See- le drin
and one be-lov-ed soul with- in;

nur Täu-schung ist für mich Ge-winn!
by such de- vice a- lone I win!

No. 20
Der Wegweiser
The Sign Post

Was ver-meid ich denn die We- ge,
Why do I a- void the high-ways,

wo die an-dern Wan-drer geh'n,
where the oth-er trav'lers go,

su-che mir ver-steck-te Ste- ge
choosing paths and hid-den by-ways,

durch ver-schnei-te Fel- sen-höh'n?
ov- er rocks and drift-ed snow,

durch Fel- sen-höh'n?
thru drift- ed snow?

Ha- be ja doch nichts be-gan-gen,
'Tis not a- ny mis- -be-hav-ing,

dass ich Men-schen soll-te scheu'n,
makes me want to hide my face;

Winterreise, No. 20 (cont)

welch' ein thö-rich-tes Ver- lan- gen
why does such a sense-less crav-ing

treibt mich in die Wü-ste- nei-en,
drive me in-to de-sert pla-ces,

treibt mich in die Wü-ste- nei'n?
such a wild and de-sert place?

Wei- ser ste- hen auf den We- gen
There are signposts on the high-ways,

wei-sen auf die Stä-dte zu,
one is point-ing to the town,

und ich wan-d're son-der Ma- ssen,
and I wan-der on-ward aim- less,

oh- ne Ruh', und su-che Ruh', .
wish-ing but to lay me down; .

Ei-nen Wei- ser seh' ich ste- hen
But one sign-post is be-fore me,

un- ver-rückt vor mei-nem Blick,
points the place for which I yearn,

ei-ne Stra-sse muss ich ge- hen
to the end of that long jour-ney

die noch Kei-ner ging zu-rück.
from which no one can re-turn.

No. 21
Der Wirthshaus
The Inn

Auf ei- nen Tod- -ten- -a- -cker
I reached at length a grave- yard

hat mich mein Weg ge-bracht.
by which my path-way led.

All-hier will ich ein-keh- ren,
"And here at last," I pon-dered,

hab' ich bei mir ge-dacht.
"I'll make my wea-ry bed".

Ihr grü- nen Tod-ten-krän-ze
The wreaths of green a- bout you,

könnt wohl die Zei-chen sein,
in - vite the pass-ing guest

die mü- de Wand'-rer la- den
to stop and seek re-fresh-ment,

in's Küh- le Wirths-haus ein.
in this cool place of rest.

Sind denn in die- sem Hau- se
Are all your guest rooms rent-ed?

die Kam-mern all' be-setzt?
or can you take one more?

No. 21 (cont)

bin matt zum Nie-der-sin- ken
I'm tired 'til near-ly drop-ping,

bin tödt-lich schwer ver-letzt.
and wound-ed dead- -ly sore.

O- un-barm-herz'-ge Schen-ke
O most un-friend-ly hos-tel,

doch wei-sest du mich ab?
can you re-fuse me so?

Nun wei-ter, denn, nur wei-ter,
Then far-ther and yet far-ther

mein treu-er Wan-der-stab, !
my staff and I must go, !

No. 22
Muth
Courage

Fliegt der Schnee mir in's Ge-sicht,
When the snow- flakes hit your face,

schüttl' ich ihn her- un- ter.
shake them off you light-ly.

Wenn mein Herz im Bu-sen spricht,
when your heart with-in you breaks,

sing' ich hell und mun- ter;
sing se- rene and bright-ly;

hö- re nicht, was es mir sagt,
lis-ten not to what it says,

ha- be kei- ne Oh-ren,
have no ears to hear it;

füh- le nicht, was es mir klagt,
feel it not when it com-plains,

Kla-gen ist für Tho- ren.
they are fools who fear it.

Lu-stig in die Welt hin- ein
Gai-ly face the world a-round,

ge- gen Wind und Wet-ter!
scorn-ing wind and wea-ther!

Will kein Gott auf Er-den sein,
If no god is here on earth,

sind wir sel-ber Göt-ter!
all be gods to-geth-er!

No. 23
Die Nebensonnen
Rival Suns

Drei Son- nen sah ich am Him-mel steh'n,
Three suns were shin-ing in Hea-ven High,

Winterreise, No. 23 (cont)

hab' lang und fest sie an- ge- seh'n;
none saw them there as clear as I;

und sie auch stan-den da so stier,
so bright and fair they seemed to be,

als woll-ten sie nicht weg von mir.
as if they wished to stay with me.

Ach, mei-ne Son-nen seid ihr nicht!
Ah, two of them may not be mine!

Schaut An-dern doch in's An- ge-sicht!
For oth-ers they are meant to shine.

Ja, neu-lich hatt' ich auch wohl drei;
Yes, re-cent- ly I had all three;

nun sind hin- ab die be-sten zwei.
the two I loved are gone from me.

Ging' nur die dritt' erst hin-ter-drein!
I wish the third were gone as well;

Im Dun- keln wird mir woh-ler sein.
I might feel bet- ter, who can tell?

No. 24
Der Leiermann
The Organ-grinder

Drü-ben hin-ter'm Dor- fe steht ein
On the cor-ner stands a hur- dy-

Lei-er-mann,
-gur-dy-man,

und mit star- ren Fin-gern dreht
with his stif-fened fin-gers grinds

er was er kann.
as best he can.

Bar- fuss auf dem Ei- se wankt er hin
Bare-foot on the ice he stum-bles to

und her,
and fro,

und sein klei-ner Tel-ler bleibt ihm
emp- ty is his cup and ev- -er

im-mer leer, .
will be so, .

Kei- ner mag ihn hö- ren, kei-ner
None has stopped to hear him, since he

sieht ihn an
first be-gan,

und die Hun- de knur- ren um den
and the dogs are growl-ing round the

al- ten Mann.
poor old man.

No, 24 (cont)

Und er lässt es ge-hen al-les,
But he lets it all go on as

wie es will,
go it will,

dreht, und sei-ne Lei-er steht ihm
keeps the han-dle ev-er turn- ing,

nim-mer still, .
nev-er still, .

Wun- der-li-cher Al- ter, soll ich
Strange old or-gan-grind- er, shall I

mit dir geh'n?
go with you?

Willst zu mei-nen Lied-ern dei- ne
Will your or-gan play my songs for

Lei- er dreh'n?
just us two?

SCHWANENGESANG
SWAN SONG

No. 1
Liebesbotschaft
Lover's Message
Rellstab

Rau-schen-des Bäch-lein, so sil-bern und hell,
Mur- mur- ing brook-let, so sil-ver and clear,

eilst zur Ge-lieb-ten so mun-ter und schnell?
quick take a mes-sage of love to my dear.

ach, trau-tes Bäch-lein, mein Bo- te sei du;
Please be my post-man, and greet her for me,

brin- ge die Grü-sse des Fer-nen ihr zu.
greet-ings I send her from far ov- er sea.

All' ih-re Blu-men im Gar- ten ge-pflegt,
Wa- ter her gar-den be-fore you de- part,

die sie so lieb-lich am Bu- sen trägt,
flow'rs she will wear on her ra-diant heart,

(und ih- re Ro-sen in pur-pur-ner Gluth,
all the red ro-ses that grow in a row,

Bäch-lein, er- qui- cke mit küh- len-der
fresh-en them, brook, with your life-giv-ing

Fluth,).
flow, .

Wenn sie am U- fer, in Träu- me ver-senkt,
When on your bor-der she sinks in a dream,

mei- ner ge-den-kend, das Köpf-chen hangt,
thinks of me, mus-ing, be- side your stream,

trö-ste die Sü- sse mit freund-li- chem
see that the Sweet One no com- fort will

Blick,
lack,

denn der Ge-lieb-te kehrt bald zu-rück;
tell her her lov-er soon will be back;

Neigt sich die Son- ne mit röth-
When comes the sun-set, with bright

-li-chem Schein,
rud-dy glow,

wie- ge das Lieb-chen in Schlum-mer ein.
sing her to sleep with your drow- sy flow;

Rau-sche sie mur-melnd in sü-sse Ruh,
mur-mur and whis-per my dear to rest,

flü- stre ihr Träu-me der Lie- be zu.
dreams of the lov- er who loves her best.

No. 2
Kriegers Ahnung
Warrior's Premonition
Rellstab

In tie- fer Ruh' liegt um mich her
My friends in arms lie round a- bout,

der Waf-fen-brü-der Kreis;
the prai-rie for a cot;

mir ist das Herz so bang und schwer,
how sad my heart, how full of doubt,

so bang, so schwer, von Sehn-sucht mir so
so low, so sad, with yearn-ing fear so

heiss, von Sehn-sucht mir so heiss,
hot, with yearn-ing is so hot.

Wie hab' ich oft so süss ge-ruht
By her how oft I sweet-ly dreamed,

an ih- rem Bu- sen warm,
how soft she was and warm!

wie freund-lich schien des Heer-des Gluth,
how friend- ly hearth and fire-side seemed,

lag sie in mei-nem Arm, !
her head up-on my arm, !

Hier, wo der Flam-men dü-st'rer Schein
Here, where the dy- ing em-bers' glow

ach! nur auf Waf- -fen spielt,
plays but on swords and spears,

hier fühlt die Brust sich ganz al-lein,
a- lone the heart must ov- er-flow,

der Weh-muth Thrä-ne quillt, .
in flood of hope-less tears, .

Herz! dass der Trost dich nicht ver-lässt,
Heart! let your hope not fail or cease;

es ruft noch man-che Schlacht.
still sounds the bat-tle knell!

Bald ruh' ich wohl und schla-fe fest,
I rest ere long, and sleep in peace.

Herz-lieb-ste gu- -te Nacht!
My dear-est, fare- thee well!

No. 3
Frühlingssehnsucht
Longing in Spring
Rellstab

Säu-seln-de Lüf- te we- hend so mild,
Mur-mur-ing breez- es, soft thru the vale,

blu- mi- ger Düf- te ath-mend er-füllt!
breath-ing the fra-grance flo-wers ex-hale!

Schwanengesang, No.3 (cont)

Wie haucht ihr mich won-nig be- grü-ssend an!
How friend-ly you greet me,how gay de-part!

wie habt ihr dem po-chen-den Her-zen ge- than?
and what have you done to this flut-ter-ing heart?

es möch-te euch fol-gen auf luf- ti- ger Bahn,
I wish I could fol-low you high thru the air,

es möch- te euch fol- gen auf luf-ti-ger Bahn!
could fol-low you faith-ful-ly ah! ev'-ry-where!

Wo- hin? Wo- hin?
But where? But where?

Bäch-lein, so mun-ter rau-schend zu-mal,
Brook-let, so hap-py, rip-pling so gay,

wol-len hin- un-ter sil- bern in's Thal.
tak-ing your sil-ver course to the bay.

Die schwe- ben- de Wel- le,dort eilt sie da-hin!
The swift-flow-ing ri- vers go rush-ing on by,

Tief spie-geln sich Flu-ren und Him- -mel da-rin.
re-flect-ing the mea-dows,the clouds and the sky.

Was ziehst du mich seh-nend ver-lan-gen-der Sinn,
They pour thru the val-ley and rush by the town,

was ziehst du mich seh-nend ver-lan-gen-der Sinn,
and why, long-ing sen-ses, do you pull me down?

hin-ab? hin-ab?
ah why? ah why?

Grü-ssen-der Son- ne spie-len-des Gold,
Sun-rise that greets me, pur- ple and gold,

hof-fen-de Won- ne, brin-gest du hold,
bring-er of cou-rage, fair to be-hold!

Wie labt mich dein se- lig be- grü-ssen-des Bild!
The bliss of your greet-ing re-fresh-es my soul,

es lä- chelt am tief-blau- en Him-mel so mild
and smiles from the blue vault of Hea-ven's wide bowl,

und hat mir das Au- ge mit Thrä- nen ge-füllt,
re- new-ing my cou-rage and still-ing my fears,

und hat mir das Au- ge mit Thrä-nen ge-füllt.
and fill-ing my eyes with the com-fort of tears.

Wa-rum? Wa-rum?
And why? And why?

Grü-nend um- krän- zet Wäl- der und Höh!
For-ests and hills are wreathed all in green;

schim-mernd er-glän-zet Blü- then- -schnee!
snow of the blos-soms glit-ters be-tween!

So drän-get sich Al- les zum bräut-li-chen Licht;
The earth is all teem-ing,with Na- ture-a- thirst;

No.3 (cont)

es schwel-len die Kei- me, die
the seeds are all swell-ing,the

Knos-pe bricht;
buds all burst;

sie ha-ben ge- fun-den,was ih-nen
each one by the urge to cre-a-tion

ge-bricht,
is racked,

sie ha- ben ge-fun- den, was
and each has dis-co-vered what

ih-nen ge-bricht.
he or she lacked.

Und du? Und du?
And you? And you?

Rast- lo- ses Seh- nen! Wün-schen-
Rest-less and yearn-ing, heart of

-des Herz,
de- sire,

im-mer nur Thrä- nen, Kla-ge und
ev-er in an-guish, ev- er on

Schmerz?
fire?

Auch ich bin mir schwel-len-der
I too am a- ware of the

Trie-be be-wusst!
life-giv-ing urge

Wer stil-let mir end-lich die
Who is there can still its im-

drän-gen-de Lust?
-por-tu-nate surge?

Nur du be-freist den Lenz
You on-ly can free the spring

in der Brust,
in my breast,

nur du be-freist den Lenz
you on-ly put my soul

in der Brust,
at _ rest,

nur du, nur du!
but you, but you!

Schwanengesang
No. 4
Ständchen
Serenade
Rellstab

Lei- se fle- hen mei- ne Lie- der
Thru the dark-ness, soft en-treat-ing,

durch die Nacht zu dir;
float my songs to thee;

in den stil-len Hain her- nie- der,
thru the grove in si-lent greet-ing,

Lieb-chen, komm zu mir!
dear-est, come to me!

Flü-sternd schlan-ke Wip-fel rau-schen
Wav- ing slen-der treetops glis-ten,

in des Mon-des Licht,
with the moon a- light,

des Ver- rä- thers feind-lich Lau-schen
no un-friend-ly ear will lis- ten,

fürch-te, Hol-de, nicht, .
fear not, an-gel bright, .

Hörst die Nach- ti- gal-len schla-gen?
Hear the nigh-tin-gales la- men-ting!

ach! sie fle-hen dich,
Ah! they sing to thee!

mit der Tö- ne sü- ssen Kla- gen
pray-ing thee for sweet re- lent-ing,

fle-hen sie für mich.
mer-cy shown to me.

Sie ver-steh'n des Bu-sens Seh- nen,
Love they know, and all its yearn-ing,

ken-nen Lie-bes-schmerz,
all its joy and smart,

rüh-ren mit den Sil-ber- tö- nen,
by their song to mer-cy turn-ing,

je-des wei-che Herz, .
ev'-ry ten-der heart,.

Lass auch dir die Brust be- we- gen,
Let their sil-ver tones pla-cate thee,

Lieb-chen, hö- re mich!
dear-est, hear my plea!

be- bend harr' ich dir ent-ge- gen!
here with throb-bing heart I wait thee!

komm, be- glü- cke mich, !
come, and glad-den me, !

No. 5
Aufenthalt
Dwelling Place
Rellstab

Rau-schen-der Strom,
Wild roar-ing wood,

brau- sen- der Wald,
stream white with foam,

star-ren-der Fels mein Auf-ent-halt.
high on the crags I make my home.

Wie sich die Wel- le an Wel- le reiht,
As rol-ling wave follows wave to the shore,

flie-ssen die Thrä- nen mir e- wig
tears flow in tor- rents re- newed ev-

er-neut,
-er-more,

flie- ssen die Thrä-nen, mir e-wig,
tears flow in tor-rents, for-ev-er,

e-wig er-neut,
ev-er- -more,

flie-ssen die Thrä-nen mir e-wig er-
flow down in tor-rents for-ev-er —

-neut.
more.

Hoch in den Kro- nen wo- gend sich's
(1) Un-tamed the tree-tops surge wild a-
(2) high up

regt,
-round,

so un-auf- hör- lich mein Her- ze schlägt, .
and so my heart beats with end-less pound, .

Und wie des Fel-sen ur- al-tes Erz,
Like hid-den ore in the rocks be-low

e- wig der-sel-be blei-bet mein Schmerz, .
so thru the a-ges ev- er my woe, .

Rau-schen-der Strom, etc
Wild roar-ing wood etc

No. 6
In der Ferne
Far Away
Rellstab

We- he dem Flie-hen-den
Woe to him far- -a- way,

Welt hin-aus zie-hen- den!
far in the world a-stray,

Frem- de durch-mes-sen- den,
strange lands and for-eign seas,

Hei- math ver-ges-sen-den,
friend-less and ill at ease;